Vom Regenbogen in die Kotze

Christoph Eydt

Vom Regenbogen in die Kotze

Bibliografische Information der Deutschen Nationalbibliothek:
Die Deutsche Nationalbibliothek verzeichnet diese Publikation in der Deut-
schen Nationalbibliografie; detaillierte bibliografische Daten sind im Internet
über http://dnb.dnb.de abrufbar.

Herstellung und Verlag: BoD – Books on Demand, Norderstedt

ISBN: 978-3-7481-8358-7

Inhalt

Fuck.

Liebe oder das Einhorn im Misthaufen

Als ich deine Hand nicht gehalten

Neulich, als ich deine Hand nicht gehalten,
wir beisammen waren nur im Traum,
wie unter einem blühenden Apfelbaum,
zwei fremde und doch nahe Gestalten.

Wir verlernten die Worte, die einst so laut,
blickten zu den Sternen weit hinaus,
das Himmelszelt war unser Gartenhaus,
zwei Seelen miteinander zu vertraut.

Ob die Stunden uns nun wieder trennen,
ich hielt nicht deine Hand,
wir waren umgarnt vom Blumenband
und liegen zusammen – einander zu erkennen.

Als ich dich das erste Mal gesehen

Als ich dich das erste Mal gesehen,
war es, als würd' lauer Sommerwind mich umwehen,
als hätte die Erde Halt gemacht,
als wären verschmolzen Tag und Nacht.

Bei dir ist es ruhig und traut,
ich will dir ein Liebes sagen – leise, bloß nicht laut.
Deiner Augen funkelndes Leuchten,
dein Blick als würden alle Uhren mit einmal läuten.

Eine Tür geht irgendwo auf,
bist du bereit, für einen gemeinsamen Lauf?
Der Abend ruft schon durch dünne Scheiben:
„Lass uns doch für immer bleiben."

Als meine Hände gefesselt waren

Als meine Hände gefesselt waren,
konnt ich nur zählen uns're Momente in Jahren,
weil du nämlich neben mir gesessen,
und ich von deiner Lieblichkeit besessen.

Was gäbe ich, um zu wissen, was ich nicht weiß,
nur um zu erhalten einen kleinen Beweis,
dass deine Hände wie die meinen fest umbunden,
weil du mich und ich dich gefunden.

So saßen wir zusammen – ein jeder in seiner Weise,
wir zogen einander Kreise,
die mal hier mal dort
sich berührten und zeigten den gemeinsamen Ort.

Als meine Hände gefesselt waren,
wollt ich die deinigen gewahren.
Wolltest du dies auch,
dann flüster's mir mit leisem Hauch.

An meinen geliebten Sohn, den Helden

Du bist ein ganz Großer, auch wenn du jetzt klein bist und mich jedes Mal vorm Einschlafen ängstlich, und manchmal mit Tränen in den Augen, fragst, ob du am nächsten Tag größer sein würdest. Mache dir deswegen keine Sorgen. Du bist groß und wirst groß bleiben – ganz egal, wie klein du heute bist. Anders als ich wirst du dir die Welt aneignen. Ich sehe es, wenn du bei mir bist, wie du mit großen Augen sehr genau beobachtest. Und auch wenn du nicht immer etwas sagst, so weiß ich doch, dass du verstehst, dass du Hoffnungen hast, Ängste, aber auch Mut und Kraft. Ich bin nichts weiter als ein Feigling im Vergleich zu dir. Fuck, du bist etwas über vier Jahre und weißt so viel mehr als ich. Du verzweifelst manchmal, du schreist, weinst, boxt und trittst, du willst neue Spielsachen, bist traurig, wenn man sich dir nicht genug zuwendet, du leidest, wenn du andere leiden siehst. Du hast deine eigenen Werte, dein Treppengeländer für finstere Stunden. Ich habe daran nur wenig Anteil.

Als du auf die Welt kamst, konnte ich mich nicht so recht mit dir anfreunden. Da war auf einmal dieser neue Mensch da, dieses Bündel Leben. Es hat geschrien, wollte Milch, konnte nichts alleine. Du warst auf deine Mutter und mich angewiesen. Scheiße, wie habe ich mich deswegen manchmal geärgert – und wie erbärmlich schuldig ich mich deswegen heute fühle, das kannst du sicher irgendwann erahnen. Vielleicht auch nicht.

Es gibt diese wenigen Momente im Leben eines Menschen, in denen das Herz klar und rein sprechen kann – unverstellt, ehrlich. Diese Momente hatte ich zu ganz großen Teilen nur mit dir. Du hast mir einen Zugang zu deinem Herzen geschenkt, und das, obwohl ich immer wieder versucht habe, dem irgendwie zu entkommen, weil ich so große Angst vor dir hatte – eine Angst, die so tief saß, dass ich sie nicht einmal beim Namen nennen kann. Seitdem du auf der Welt bist, habe ich verstanden, was es heißt, zu lieben, was es heißt, selbstlos zu fühlen – und was es heißt, für jemanden da zu sein. Ich kann dir dafür gar nicht genug danken. Du hast mich verändert.

Und so sehr ich hoffe, dass wir, solange es die Götter uns gewähren, zusammen sein können, so sehr schäme ich mich, so sehr fühle ich mich niederträchtig und falsch. Wenn du irgendwann anfängst, über deine Eltern nachzudenken und sie nicht nur bedingungslos annimmst, dann wünsche ich mir aus tiefster Seele, dass dir dieser Weg des Selbstekels erspart bleibt. Du bist ein echter wahrer Held. Das darfst du niemals vergessen. Dir allein liegt die Welt zu Füßen. Ich habe meine Gelegenheiten verstreichen lassen und feiere mit Lucifer in der Hölle. Was anderes bleibt nicht. Du aber, du hast die Schlüssel zum Himmelreich und kannst das Paradies selber sein. Sicher wirst du immer wieder hinfallen, weinen oder wütend sein. Und sicher werde ich mich bemühen, für dich da zu sein, so dass wir von Herz zu Herz reden können, aber letztlich musst du deinen Weg alleine gehen – du darfst ihn alleine gehen, denn du hast alles Nötige bei dir. Über dich und deine Zukunft nachzudenken, erfüllt mich mit großer Freude, aber auch mit unsäglichem Kummer, weiß ich doch um all meine Verfehlungen – allen voran meine Ignoranz. Bei dir aber, da bin ich wach, hellwach und sehe dich ganz klar. Das ist die intensivste Erfahrung meines Lebens. Ich will dich beschützen und weiß doch, dass genau das unmöglich ist. Du zwingst mich zu Vertrauen in diese Welt, zur Hingabe. Ich will nicht jener sein, der dich später am meisten verletzen wird. Schon als Kind schwor ich mir, alles anders zu machen als mein Vater. Mit Schrecken stelle ich fest, dass ich nicht nur in seinen Fußstapfen stehe, sondern diese auch tiefer in den Boden stampfe. Vielleicht wirst du niemals stolz von mir reden können, von mir, deinem Vater. Wie könnte ich es dir verübeln? Hier sitzt ein Möchtegern-Schriftsteller mit Hang zum Selbstmitleid. Blicke ich in die Zukunft, dann sehe ich aber einen Helden, einen großen Mann, der es vermag, Berge zu versetzen kraft seiner Seele, denn die hast du – und solange sie in dir ein Feuer entfacht, so wie in den letzten Jahren, dann kannst du durch Flammen hindurchschreiten, ohne dass dir etwas geschehen wird, weil du selbst dieses Feuer bist.

Bei dir bin ich ganz

Deine Seele traf mein Herz wie der Blitz die morsche Eiche,
bin wie ein Zug auf weiter Fahrt – du die Schiene und die Weiche.
Ich habe nie nach dir gesucht,
habe trotzdem deine Welt besucht.

Da steh' ich nun und muss sinnen,
mein Herz, das konntest du gewinnen.
So wie ein Träumender verschwommen sieht,
ist's mein Herz, das mich zu dir zieht.

Um mein Sein hast leichte Fäden du gewebt,
meine Seele unermüdlich bebt,
sie sind so zart und weich gesponnen,
sag mir nicht, dass unser Glück schon jetzt zerronnen.

In meiner Brust glüht ein weißer Stein,
der immer heißer wird unter deinem Schein.
Und längst bin ich erwacht so sanft und lind,
dass deine Schönheit Minne singt.

Des Herzens zart gepflegte Triebe
sind der Morgenstrahl der jungen Liebe.
Du bist wie der Mond am Firmament
und ich die Sonne, die an dir verbrennt.

Betrunken verliebt

Ich sehe dich nicht oft, doch fühl' ich mich bei dir sehr wohl,
du, mein geliebter Alkohol.
Ich kann meine Gedanken nicht von dir lassen,
du bringst mich in Wallung – krieg dich nicht zu fassen.

Fern bist du gerade, allzu weit,
deine Wollust macht mich breit.
Wir treiben's im Bett, auf der Couch, im Flur,
du bist göttlich – heiß und pur.

Vom Alkohol will ich nicht weiter reden,
werd' stattdessen um Erlösung beten.
Dass du mich nimmst, so wie ich bin
und ich mich schlage zu dir hin.

Der Lack war ab

Nach der Trennung von oder mit meiner Frau,
kaufte ich mir eine fahrbare Penisprotese.
Die war notwendig.
Ein alter Roadster, knappe 200 PS,
Kompressor, Sportausführung.
Cabrio, Ledersitze.
So weit, so schick.

Er erinnerte mich an etwas aus meiner Kindheit,
aus einer Zeit, in der ich Polizist, Feuerwehrmann
oder Astronaut werden wollte, Maler, Schriftsteller, Musiker.
Irgendwie war er ein Symbol der Freiheit,
obwohl er an einigen Stellen mächtig rostete.
Der Lack war ab.

Also machte ich mich an die Arbeit:
Schweißen, spachteln, lackieren.
Irgendwann sah er wieder besser aus,
aber an einigen Stellen war er noch immer matt.

Ich parkte ihn in einer Einkaufsstraße einer Kleinstadt,
weil ich in ein Lokal gehen wollte – ein Grieche.
Gyros und Zwiebeln, ein Bier und Ouzo waren gut, obwohl mich in
der Gaststätte nichts an Griechenland erinnerte.
Es war eine typische deutsche Kneipe.
Ich aß und trank, zahlte, gab Trinkgeld
und zündete mir eine Zigarette an.

Dann kam ein älteres Paar,
blieb vor meiner Karre stehen.
Noch wussten sie nicht, dass die Penisprotese mir gehörte.
Sie gingen ein paar Mal um das Auto,
blieben dann wieder stehen und staunten offenkundig über den
Wagen.

„Wow. Das Teil ist ja cool.", hörte ich.
Die Frau sagte: „Das ist doch ein Cabrio, oder?"
Der Mann nickte.
Ich ging hinüber und fragte, was sie suchen würden.
„Nichts. Wir finden den Wagen nur so toll."
Ich verriet ihnen, dass es meiner war,
verschwieg aber, dass er meine Penisprothese war.

Sie schienen die reparierten Lackstellen nicht zu bemerken.
„Darf ich ein Foto machen?"
„Klar doch. Ist doch nur ein Auto."
Der Mann verbeugte sich fast vor mir.
Dann schoss er Fotos, fünf, sechs Stück.

Die Frau fragte: „Könnten Sie das Verdeck einklappen?"
„Klar!"
Ich drückte ein paar Mal auf die Fernbedienung.
Das Dach öffnete sich elektrisch.
Im selben Tempo, wie das Dach eingeklappt wurde,
wurden die Augen der beiden immer größer.
Der Mann fotografierte munter weiter.
Ich dachte nur: „Du armer Teufel. Was bringt es dir, so eine alte
Karre zu fotografieren?
Sie gehört dir ja noch nicht mal. Du kennst noch nicht mal die
Geschichte dahinter."
Die schien ihm egal zu sein.
Er war nur beeindruckt von dem, was er sah.

Das Paar bedankte sich und gratulierte mir zu dem Wagen.
Dann ging es weiter.
Ich machte eine Zigarette an und starrte an die Karre.
Konnte es sein, dass sie etwas sahen, was ich nicht sah?
Ich stieg ein, startete und erfreute mich am Geräusch des Motors.

Ordentlich fuhr ich 50 Ticken die Stunde durch die Ortschaft.
Als es Richtung Ortsausgang ging, drückte ich durch.
Das war am Schönsten.
Erst gemächlich cruisen,
dann Vollgas und unter fünf Sekunden auf 100 Ticken
beschleunigen.
Das liebte ich an dem Auto. Ich konnte machen, was ich wollte.
Nun hat ein fremdes Paar meine Penisprothese auf seiner Kamera
und es freut sich darüber.

Ist das nicht verrückt?

Du bist so fern und doch so nah

Du bist die Schönheit,
in der ich ertrinke
betrinke,
bist der Stoff,
aus dem Träume sind,
aber eben nur Träume sind,
warst nie real
und wirst es niemals sein,
ich lade dich nicht zu mir ein,
bist Teufel, Engel, Göttin
gleich,
doch was nützt nur dies,
wenn ich auf Erden gehe,
mein Herz an dich schenke?
Müde lege ich mein Haupt
auf Buchstaben,
die nichts sind, nichts
im Vergleich zu dir.
Jetzt liege ich betrunken
und sehe was passiert,
mit dir,
dein Urteil hast du selbst gesprochen.

Ein Kuss zum Schluss

Ich war letztens bei ihr,
trank zufrieden mein Bier.
Wir redeten über jeden Scheiß,
von dem ich heute nichts mehr weiß.

Wir starrten uns dümmlich an,
dann wollt' ich an sie ran,

wurde schroff abgewiesen,
Ehre und Anmut seien gepriesen.

Zum Schluss haben wir uns nur gedrückt,
ich wünschte, sie hätte sich vor mir gebückt,
dann haben wir's unser'n Lippen befohlen,
und haben uns nen Kuss gestohlen.

Eine Frau, die kotzt, ist eine, die ich lieben kann

Heiße Frauen sind nicht selten.
Die stehen an jeder Ecke rum.
Es ist noch nicht mal eine Kunst, sie rumzukriegen.
Einige von ihnen nehmen Geld, andere lassen sich so bumsen.
Dann träumen sie von Liebe.

Eine heiße Frau, die auch noch was in ihrer Birne hat,
das ist selten.
Eine Frau, die nicht blind ist, die sehen kann, und auch noch Mut
hat.
Sowas braucht die Welt. Eine starke, heiße Frau, die denken und
fühlen kann.
Die lässt sich nicht missbrauchen, unterdrücken, knechten,
ausnutzen.
Aber sie ist so stark, dass sie keinen Kerl braucht.
Nur die Schwachen brauchen Kerle und halten dann an ihnen fest,
obwohl sie ihr Untergang sind.
Zu zweit stirbt es sich lustiger.

Wenn ich einer heißen und klugen Frau begegnen würde,
wäre ich schwach. Dann bräuchte ich sie.
Das kann ich mir nicht eingestehen.
Deshalb würde ich sie abfüllen
und wenn sie dann kotzt, würde ich ihr die Haare
überm Klo halten.

Herbstkönigin

In tanzend' Blätterschar,
ein Kleid aus tausend Fasern glatt,
vor schwarzer Sonne dein
Traum mein Leben ist.

Zwischen dichten Nebelbänken,
hinter kühlen Nächten
und klaren Himmeln
schreitest du voran,
meine Herbstkönigin.

Die Seen immer kälter werden,
die Bäume immer kahler,
die Morgen frischer,
und Licht scheint aus den dunklen Häusern.

Deine Lippen,
so voll, so rund,
so reich an Schwärze
- dunklem Verlangen.

Dein Busen mir ins Gesicht gedrückt,
atme ich den nahen Winter ein,
lasse meine Hülle los,
um zu verschmelzen
mit dir,
meiner Herbstkönigin.

Oft gedenk ich deiner
in trauter Einsamkeit
und müdem Lebenswillen.
Freue mich an deiner Gestalt,
deinem Treiben,

deiner Kraft.
Und doch verliere ich mich,
kann ich nicht bei dir sein.
Du ziehst hinfort
und ich bleib allein.

Ich weiß einen Platz am Fluss

Ich weiß einen Platz am Fluss,
wo wir uns schenkten einen Kuss.
Dort ruhen weite Flur und dichter Wald,
dein Antlitz diese Welt bestrahlt.
Mir ist auf allen Wegen,
willst du dich zu mir legen.
Du, mein zarter Genuss,
auf weiter Flur und nahem Fluss.

Ich weiß einen Platz am Fluss,
wo unser beider Herzen verschmolzen im Eisenguss.
Dort liegt ein leiser Garten,
wo wir uns in neuer Zeit erwarten.
Mir ist, als stünde vor mir eine Fee,
hinter zarten Kirschen ich dein Winken seh'.
Das war unser erster Kuss,
auf weiter Flur und nahem Fluss.

Liebe?

Die meisten von uns sind mit den falschen Partnern zusammen.
Immer und immer wieder.
Es ist dieselbe Falle – jedes Mal.
Immer wieder.
Tag ein, Tag aus.
Manche zelebrieren darum Jubiläen.

Ich denke oft an meine Großeltern,

die sich jeden Tag nur angeschrien haben,
die sich nicht ertragen konnten
oder nur noch schlecht über ihren Partner geredet haben.
Wohl gemerkt: über 50 Jahre verheiratet.
Aber was sagt so eine Zahl aus,
wenn die Oma erstmal morgens nen Doppelkorn trinken muss
und der Großvater in Parteiarbeit oder Gemeinderat flüchtet?
Nichts.
Sie ist für den Arsch.

Ich weiß, dass viele mit den falschen Menschen zusammen sind.
Sie lieben nicht,
selbst wenn sie immer wieder das Bekenntnis „Ich liebe dich!"
runterrattern oder soziale Medien missbrauchen,
um den Eindruck zu erwecken,
sie hätten eine perfekte Partnerschaft.
Bullshit.
Es braucht nur wenige Sätze
und man kann hinter die Fassade blicken,
dort warten Schimmel und Substanzzerfall
in Form von Frust, Wut, Enttäuschung,
Eifersucht oder Angst.
Nicht bei allen!
Aber bei den meisten.

Und die meisten flüchten sich dann
in ihre peinlichen Darstellungen nach außen,
damit ihr Umfeld ihnen sagen kann:
„Ihr passt aber toll zusammen.", oder:
„Wow. So lange seid ihr schon zusammen."
Das ist dann der Kitt,
der in das zerbröselnde Mauerwerk gestopft wird.
Die Wand bricht trotzdem ein.

Was ist Liebe?

Diese Frage wird gar nicht mehr gestellt.
Das ist peinlich.
Unangenehm.
Ein abstraktes Wort, sowas wie „Freiheit"
oder „Würde".
Kann man auslegen, wie man will.

Liebe ist – und das ist ziemlich banal –
der Drang, der Wunsch, das Bedürfnis,
dass es einem anderen Menschen gut geht.
Man stellt eigene Bedürfnisse nach hinten
und will einfach, dass es einem anderen gutgeht.
Mehr nicht.

Die Beziehungen, die ich kenne
oder die ich zum Scheiterhaufen selber geführt habe,
sind zerbrochen,
weil keiner den Wunsch hatte, dass es einem anderen gut geht.
Die Beziehung wurde zum Kuhhandel,
bei welchem der/die andere missbraucht wurde,
um eigene Bedürfnisse zu stillen.
Das aber ist nicht Liebe.

Es geht oft schon am Anfang los:
Ich finde es toll, begehrt zu werden.
Ich finde es toll, dass der andere in mir was Besonderes sieht.
Ich finde es toll, dass der andere meine Bedürfnisse befriedigt.
Ich finde es toll, dass ich Hand in Hand durch die Stadt laufen
kann.
Ich finde es toll, dass jemand meinem Scheiß zuhört.
Ich,
ich,
ich.

Sowas ist gewiss nicht falsch,

aber die Erwartungen, die wir an andere stellen,
haben nichts mit Liebe,
sondern nur was mit Berechnung zu tun:
Gibst du mir was, gebe ich dir was.
Das hat früher funktioniert, hat aber nichts mit Liebe zu tun.
Es kann funktionieren, muss aber nicht,
als würde man Rigips vor eine Lehmwand bauen.

Liebe ist Geborgen-sein, Nähe,
Einfühlen,
Sich-verschenken.

Liebe ist, eine Blume in der Wildnis zu umsorgen,
statt sie abzureißen,
um sie sich ins Wohnzimmer zu stellen.

Liebe? II

„Liebe?", fragte er.
„Küss mich ein letztes Mal,
berühre meine Lippen,
riech an meinem Haar,
an meinen Nägeln,
küss meinen Verstand,
streichle über meine Augen
- nur, damit ich vergessen kann."
Liebe.

Abgeblitzt bei tausend Frauen,
selber tausend abserviert,
Liebe.

Er drehte den Gashahn auf,
legte sich aufs Bett der viel zu kleinen Wohnung,
Liebe.

Dann kam ein Kerl,
zündete sich im Haus eine Kippe an,
boom,
Liebe.

Das Bett flog aus dem Fenster,
eine Wand stürzte ein,
rote Flammen loderten aus den Türen,
eine Decke zerbrach und fiel runter.

Dem Typ im Bett tat es nicht mehr weh,
ihm war es egal,
er war verdammt gut und wusste,
was es war:
Liebe.

Mein Großvater heiratete zweimal dieselbe Frau

Mein Opa, seines Zeichens Ingenieur und Kuba-Liebhaber,
heiratete eine Frau – die Mutter meines Vaters.
Er wohnte mit ihr bequem und schlicht in der Platte.
Als Kinder durften mein Bruder und ich nur selten hin,
denn keiner der beiden wollte, dass wir die Wohnung
beschmutzen.
Ich sah ihn nur selten
- zu Weihnachten, Ostern und zu unseren Geburtstagen.

Jeder hatte eine eigene Meinung über ihn.
Ich habe ihn immer gemocht, denn er war anders,
wollte sich stets als etwas Besseres fühlen
und gab mir das Gefühl, die Chance zu haben, was Besseres
zu werden
als das, was meine Mutter für mich vorgesehen hatte.

Irgendwann, noch vor meinem Leben, ließ er sich von besagter
Frau scheiden.
Beide gingen getrennte Wege.
Zumindest für ein paar Jahre.
Dann heirateten sie erneut.
Das sorgte für Gerede und Gespött.
Ob sie aus Liebe heirateten oder aus Notdurft
weiß wohl niemand außer den beiden.

Er bekam Krebs – die richtig üble Sorte.
Als Kind sagte ich immer „Wanderkrebs", denn die Beulen,
die aus seinem Körper wucherten, drückten sich mal am Rücken,
mal in der Leiste, mal am Bauch oder den Beinen nach draußen.
Niemand hatte Mitleid mit ihm.
Seine Frau, die er zweimal geheiratet hat, bekam irgendwann
Alzheimer.
Das ist fast noch schlimmer als dieser Wanderkrebs.
Er konnte mit dem Krebs noch lange leben.

Seiner Frau ging es aber von Tag zu Tag schlechter.
Sie sabberte uns auf die Tische,
kackte uns auf die Stühle,
kotzte bei uns ins Klo,
starrte irgendwann nur noch vor sich hin.
Wie eine Schaufensterpuppe. Einfach nur tot.

Mein Großvater, inzwischen ein abgehalftertes Skelett
mit ständigen Blutungen aus irgendwelchen Öffnungen,
kümmerte sich um sie.
Er hat sie eben ein zweites Mal geheiratet.
Er fuhr sie im Rollstuhl durch die Gegend,
frachtete sie zu uns, um ums zu besuchen,
wischte ihr den Arsch, den Mund und was weiß ich noch alles ab.
Er fütterte sie, gab ihr zu trinken,
half ihr beim Einschlafen.

Dann, völlig entkräftet, ist er gestorben. Einfach so.
Das war eine schnelle Sache: Zusammenbruch, Hospiz, Tod.
Er hat seine Frau nicht mehr gesehen. Sie hat ihn vermutlich schon lange vorher nicht mehr erkannt.
Wie einander entrissen.

Seine letzten Lebensjahre verbrachte er aber mit der Frau,
die er ein zweites Mal geheiratet hat.
Für mich war er ein Held,
die anderen erzählten nur, was für ein schlimmer Mensch er gewesen wäre.

Really wrong love

You go out for a drink
or to find your dream woman.
Believe me:
stay with the drink.
You can't look for a dream woman
She comes into your life
or she never comes.

You don't want to wait.
Is it like this?
You're going to a fucking party
like in a toy store.
So many toys!
Or you're looking for digital what to fuck.

You look for the dream woman
and waste your life with nonsense.
At some point,
you got to know 10, 20 or 100 women.
Maybe one of them will stick to you.

But a dream woman?
You will persuade yourself all your life
to love her, or you will only hate her.

Glitter shit.
Not more.
As for the heart, you cann't seek anything,
only find.

In the belief to find the dream woman,
by meeting women,
is
as search for God in a prayer house.

Everything the heart is about comes from this,
not of temples,
bars,
Toy stores
or insignificant pussies.

Seit 65 Jahren verheiratet

Vorhin las ich die Nachrichten aus meiner Heimatstadt.
Dort feiert heute ein Ehepaar 65 Jahre Ehe.
Sie waren verdammte 65 Jahre verheiratet,
und immer nur miteinander.
Auf dem Foto wirkten sie zufrieden:
Hand in Hand,
Arm in Arm,
ein jeder an seinem Krückstock.

Die Frau trug ein ärmelloses blaues Kleid,
der Mann ein weißes Hemd und eine dunkle Stoffhose.
Am linken Handgelenk winkte eine Uhr,
deren Zeiger sich vielleicht auch schon

65 Jahre gedreht haben.

Es ist eine peinliche Seltenheit geworden,
dass Männer und Frauen solange miteinander zusammen sind.
Viele nehmen bei den kleinsten Unebenheiten Reißaus,
werfen das Gute weg, um was Besseres zu finden.
Doch was sie finden werden, ist die Leere.
Komischerweise zähle ich mich zu diesen Typen,
die in die Leere springen
und sich fragen:
Wie kann man nur 65 Jahre
neben ein- und demselben Menschen
fast täglich aufwachen und einschlafen?

Dann wusste ich es:
Es ist der Pfad zwischen Spreu und Weizen.
Es geht gar nicht um die Ehe
oder um irgendeine Zahl.
Es geht darum,
einen Menschen zu finden,
der es wert ist, durch Scheiße zu latschen,
der gerade steht, wenn man selbst
nur auf vier Pfoten krauchen kann.

Wenn ich mich hier umgucke,
sind die meisten Typen mit den falschen Frauen zusammen,
die meisten Frauen mit den falschen Typen.
Wer 65 Jahre zusammen altern will,
der greift sich nicht irgendein Weib oder irgend 'nen Kerl,
der muss seinem Herzen folgen
und von Anfang an wissen:
„Ja. Ich will."
Alles andere kann man im Klo wegspülen.

They are eternally married,
with the whole shit:
house, children, dog and bank credit,
with fucking family celebrations
and neighborhood.

At some point she reached for the hand of another,
not for sex or an affair,
just for another.
She sits in the golden cage.
She built it herself.
All the years,
every day a bit.

Always believe in doing the right thing.
But her heart bleeds continually.
Her husband needs this blood,
this life juice.
It works.
Every day a bit.

She lives in his world
and yet in a completely different world.
She says, she loves him,
but believe me,
she hates him,
because she hates herself
for their false life in the wrong world.

Thoughts,
feelings
actions
are not consistent.

Their way leads to the undertaker
and the husband, son and daughter
are already lying in the grave.
No one will thank her for staying
- every day a bit,
because it remains because she is dependent
on money,
senseless norms,
conscience,
fear
and self-chosen perversion.

What should it?
Her life,
her rules,
her death.

Tears from sky

Beautiful legs
and a big tight ass.
If you beat him at christmas,
he wiggles to silvester.
Let it snow,
motherfucker.

I am so drunk,
because I look into her eyes.
I hear her voice,
her aggression,
her despair,
her hate.

The sky cries

when a goddess is going.

So many gods are going.
love becomes anger,
devotion becomes boredom.

And I am so drunk.

Tot geliebt und zwei Welten gelebt

Anfangs taten deine Lippen gut,
die Küsse waren leicht, mal heiß,
mal sinnlich, mal wild-wirbelnd und mal langsam.
Ich tauchte ein in deine Welt, wurde Teil ihrer.

Meine Welt hast du sanft betreten,
mit Hingabe, Fürsorge und nem geilen Arsch.
Ich konnte mich nicht sattsehen an deiner Schönheit,
deinem Wesen – deiner Welt.

Nun bin ich tot in deiner Welt,
wir kreisen aneinander vorbei
wie die Erde um die Sonne –
man sieht sich, spürt sich, und ist doch nicht da.

Unsere Liebe ist begraben,
aus ihr kriechen inzwischen die Würmer,
die Nahrung gefunden haben.
Der Gestank der Verwesung reicht zum Himmel.

Und doch kreisen zwei Welten um sich herum,
sehen sich, spüren sich – und sind doch nicht da.
Tot geliebt, Asche zu Asche, Staub zu Staub,
Verlangen erloschen und Ignoranz inthronisiert.

Wenn zwei sich sehen

Wenn zwei sich seh'n tief im Frühling,
muss dies ein leises Wandern sein.
Ein jedes Wort gleicht dem Grünling,
zwei Herzen, die schon ewig einander ging'n,
nun fest vereint im matten Schein.

Und viele leise Lauben warten,
und sachte Winde weh'n,
mit Wispern in dem buchenzarten
Holz, weil durch den Blütengarten
Die Sehnsucht schleicht auf leisen Zeh'n.

Without a heart

The experiments are ridiculous.
Men and women are looking for each other.
In the wrong way.
They just want liked.
Not more.

They believe in the true love
and drive it like the karnickel.
They want to be together
and yet each one for themselves.
This is the fire that beats us all.

They are looking for each other with strength,
not power.
With force,
but no power.

They make themselves pretty,
they have great sayings on it
and they become hard or moist

when someone is waving at them.

Then fuck them all,
then write the other garbage,
then they long each other,
then they argue with the other.

At some point they leave the other
outside,
inside,
it does not matter.

Everyone is alone,
because no one wanted to wait.
They dig the dunghill,
to find love.

Better they'd have slept
to be kissed by love.

Ich würde alles für die Liebe tun (Hommage an Meat Loaf)

Ich würde alles für die Liebe tun,
direkt in die Hölle laufen und zurück,
alles für die Liebe tun,
denn was Gott verschenkt,
ist umso vieles größer als
was der Mensch zu verstehen glaubt,
doch ich werde es nicht tun.

Ich werde es nicht tun.
Ich würde alles für die Liebe tun,
aber ich tue es nicht.

An manchen Tagen fällt es schwer,

an manchen leicht,
manchmal geht gar nichts
und dann sind da die Momente, die nie enden,
selbst die größte Entfernung
ändert nichts,
denn du bist da.

In manchen Nächten atme ich unser Feuer,
in anderen bin ich aus Eis geschnitzt,
manche Nächte sind so, wie ich sie noch nie erlebt habe
und wie ich sie nie wieder erleben werde.

Vielleicht bin ich verrückt,
denn tief im Herzen weiß ich,
dass wir einander gehören
und kein Gesetz der Welt daran etwas zu verändern mag,
wir beide sind in der Ewigkeit vereint.

Solange wollte ich dies nicht sehen,
wenn auch immer wieder Tage und Nächte kamen,
die es mir zeigten,
ich wollte es nicht.
Ich konnte es nicht.

Die Stimme in mir wurde lauter,
und je lauter sie wurde,
desto mehr baute ich um mich herum auf,
angetrieben davon, nicht mehr hören zu müssen,
doch die Stimme war stets da.

Solange sich die Planeten noch drehen,
die Sterne noch scheinen,
solange Träume noch wahr werden,
glaube ja daran,
glaube, dass ich alles für die Liebe tun würde,

denn ich bleibe bis zum Schluss.

Ich habe einen Pakt besiegelt,
ohne dass ich diesen je geschrieben hätte,
er war da,
und damit alles so klar.
Und ich würde mir nie verzeihen,
würden wir nicht bis zum Letzten gehen.

Manchmal bete ich für Stille,
manchmal bete ich für die Seele,
manchmal bete ich für Mut.

Und dann gibt es Tage, wo ich dieses Gefühl verliere,
und in manchen Nächten verliere ich die Kontrolle,
wenn ich dich im Regen tanzen sehe
und weiß:
Ich würde alles für die Liebe tun,
aber ich werde es nicht tun.

Vielleicht bin ich einsam,
vielleicht bist du es auch,
vielleicht bist du gerade zu zweit allein,
vielleicht glaubst du dich in Sicherheit,
vielleicht hast du Angst
vor der Nacktheit,
vor der Berührung,
vielleicht willst du all das gar nicht,
doch dann wärst du nicht da, wo du bist.

Glaube mir, Baby,
du bist schon längst nicht mehr am Abgrund,
sondern schon im Sturzflug
und ich will nur, dass
du alleine nach oben fliegen kannst,

damit du jene Bodenhaftung verlierst,
die dich vor dem Himmel bremst.

Das einzige Versprechen, was ich halten kann:
Ich bin bei dir,
außerhalb von Raum,
außerhalb von Zeit.

Deshalb würde ich alles für die Liebe tun,
aber ich werde es nicht tun.

Solange die Räder noch drehen,
die Feuer brennen,
das Eis schmilzt,
solange deine Gebete wahr werden,
glaube daran.

Glaube mir, dass ich alles für die Liebe tun würde,
und du weißt, dass es wahr ist.
Du weißt es einfach.

Auf sich selbst zurückgeworfen, das ist hart,
sich selber sehen, ohne Schminke,
ohne Kleidung, ohne Beruf,
ohne Geld, ohne Wohnung,
ohne Auto, ohne Familie,
ohne Freunde,
ja, das ist hart,
doch erst wenn der Weg frei ist,
will ich bei dir sein,
damit die kostbare Ehrlichkeit
weiter wachsen darf
und wir uns nicht an Gott versündigen,
sondern sein Geschenk annehmen dürfen.

Ich würde alles für die Liebe tun,
aber ich werde es nicht tun.
Nein, nein, nein,
ich werde es nicht tun.

Alles wovon wir geträumt haben,
ich werde es nicht tun,
denn ich habe Angst,
dich zu zerbrechen
und mir dabei Wunden beizufügen.
Deshalb würde ich alles für die Liebe tun,
aber ich werde es nicht tun.

Ich weiß, dass wir uns immer nahe sein werden
und keine Frau und kein Mann können daran etwas ändern,
denn was ans Herz gelangen soll,
muss vom Herzen kommen.
Ich will nicht neben einer anderen einschlafen
und wo du heute schläfst,
das ist deine Welt.
Sage mir: Bist du in ihr glücklich?
Ich würde alles für die Liebe tun,
aber ich werde es nicht tun.

Bei dir kann ich fallen,
ohne dass ich fallen müsste,
bei dir bin ich ehrlich,
ohne dass ich ehrlich sein müsste,
bei dir spüre ich das Göttliche,
ohne dass ich göttlich sein müsste.

„Wirst du mir helfen?"
„Wirst du mich gleich aus der gottverdammten Stadt bringen?"
„Wirst du mich mit deiner alten Karre abholen?"
- Ich kann das.

„Wirst du mich fest in deine Arme nehmen?"
„Wirst du Farbe in mein Leben bringen?"
„Ich habe das Schwarz-Weiß so elendig satt."
„Kannst du mich weniger alt machen?"
- Ich kann das.

Oh ja, ich kann das,
denn miteinander wird alles von allein geschehen,
dann lassen wir Gott in uns hinein,
dann dürfen wir aus seiner Liebe kosten.
Vielleicht spürst du, dass es Zeit ist, seines Weges zu ziehen,
dann will ich nicht dein Wegweiser sein.
Vielleicht spürst du, dass es Zeit ist,
dann will ich nicht deine Uhr sein.

Alles, was du kennst, würde zu Staub zerfallen,
würde herniederbrechen
wie die Posaunen von Jericho,
das kann ich dir nicht antun.
Früher oder später wird es geschehen.
Dann werde ich alles für die Liebe tun.
Dann wirst du sehen,
dass es nie einen Abgrund gab,
sondern nur die Täuschung einer Klippe.

Ich will nicht deine Welt zerstören,
die auf tausend Streichhölzern mühsam du errichtet hast,
die vielleicht genau das ist, was du brauchst,
diese Welt, die nie die meinige sein könnte,
weil sie verkehrtherum errichtet wurde.
Doch eines weiß ich:
Ich trage dich fest in meinem Herzen
und weiß, dass unsere Welt ein Königreich nicht von dieser Welt
ist

und wir uns berühren, ohne uns anzufassen.

Und dann denke ich an jene Nächte,
in denen wir uns nackt sahen
und einander erkannten
und uns ehrlich küssten,
doch aus Erinnerung erwächst keine Liebe,
deshalb würde ich alles für die Liebe tun,
aber ich werde es nicht tun.

Im Hier und Jetzt, da fühl ich dich,
als hättest du einen Samen der Pflanze der Ewigkeit in mich
gepflanzt,
der endlich sprießen darf,
weil ich im Licht wandle
und die Schatten verworfen habe.

Ich würde alles für die Liebe tun,
doch du brauchst (noch) deine Welt.
Deshalb sei dir gewiss:
Ich werde es nicht tun,
denn alles hat seine Zeit.

Nie konnte ich eine andere Frau berühren so wie dich,
nie konnte ich mit einer anderen Frau reden so wie mit dir,
nie konnte ich eine andere Frau küssen so wie dich,
nie konnte ich mit einer anderen Frau beten wie mit dir,
nie konnte ich mich so fallen lassen wie bei dir,
nie werde ich es je können,
denn all die Versuche wären nur Erbärmlichkeiten aus Betrug und
Ersatz,
alles dem Verfall preisgegeben.

Wenn du mir sagst, dass es dir auch so geht,
dann frage ich: Worauf wartest du?

Doch ich werde es nicht tun,
ich will dir keine Fragen stellen,
ich will dich nicht entführen,
ich will dich nicht mit Erwartungen erpressen,
ich will dich nicht kaputt machen mit
einem Ego,
das überhaupt nicht verstehen kann,
was geschieht.

Deshalb würde ich alles für die Liebe tun,
aber ich werde es nicht tun.

Wenn du sagst, du brauchst Raufasertapete,
wenn du sagst, du brauchst Vermögen,
wenn du sagst, du brauchst einen Wecker,
wenn du sagst, du willst schon um zehn Uhr im Bett sein,
wenn du sagst, du willst Rentenpunkte sammeln,
wenn du sagst, du willst nicht auffallen,
wenn du sagst, du brauchst Bodenhaftung,
wenn du sagst, du brauchst nur noch die Erinnerung,
dann weißt du:
Ich würde alles für die Liebe tun,
aber ich werde es nicht tun.

Wenn du aber weißt, dass die Liebe dich ruft,
dann folge ihr,
und ich werde alles für die Liebe tun.

Solange die Sterne brennen

Solange die Sterne brennen,
werde ich für dich da sein,
auch wenn du es nicht willst
oder kannst,

denn das, was die Sterne für den Himmel sind,
ist das, was ich in mir trage,
um dich zu tragen.

Ich gehe für dich in die Hölle und zurück,
lass mich verbrennen vom Fegefeuer,
nur um all das zu fassen,
was zwischen uns besteht
und immer bestehen wird.

Raum und Zeit haben ihre Bedeutung verloren
und in der Ewigkeit ergehe ich mich,
damit du sein kannst wie du sein willst.

Glaube es mir,
ich bete zu den Göttern,
aber ich werde nichts tun, was du nicht willst.
Manchmal bete ich für eine Seele,
manchmal bete ich für Ruhe,
manchmal bete ich für dich,
und dann weiß ich,
dass mein Herz brennen muss,
damit du leben kannst,
damit dein Herz frei sei kann
und du niemals umkehren musst.

So lang weiß ich, dass ich nur dich berühren kann
und jede andere Verführung nichts weiter ist
als ein teuflisches Spiel,
doch ich nehme es an
und weiß, dass ich nur verlieren kann,
damit du endlich deine Welt formen kannst,
damit du endlich deine Welt formen kannst.

Loslassen – oder: Warum man nicht nach Geistern greifen kann

Auf dem Glück leben

Nachdem ich auf diese Welt geworfen wurde,
konnte ich noch nicht mal alleine auf den Kackbalken.
Mühsam tastete ich mich vor.
Ich lernte immer mehr Autonomie.
Und trotzdem war die halbe Welt hinter meinem Arsch her.
Mutter, Bruder, Großeltern, Pfarrer, Lehrer, Professoren,
sie alle haben über mich entschieden,
mir gesagt, wo ich lang gehen solle
und wo nicht.

Ob sie von den Stolperfallen wussten, in die ich getorkelt bin,
weiß ich nicht.
Ich vermute es aber,
denn immer hieß es:
„Da müssen alle durch."
Also wussten sie es
- definitiv.
Und sie haben mich ins offene Messer laufen lassen.
Verdammte Heuchler.

Inzwischen interessieren mich keine Autoritäten mehr.
Ich habe gelernt,
dass sie mich das durchleiden ließen,
was sie selber ertragen mussten.
Sie hatten nie den Arsch in der Hose,
von der Straße in die Gosse zu gehen
- immer nur geradeaus.
Und so sollte ich es auch tun.

Das ist dann die sogenannte Weisheit,

die sie weitergeben.
Einfach mitmachen, mitspielen, Prügel kassieren
und sich darüber feiern, wenn man das Normative einhält,
diese durch und durch pervertierte Mittelmäßigkeit.

Nein,
gelernt habe ich nur, meinen Weg zu gehen.
Aber nicht, weil es mir andere geraten haben.
Im Gegenteil!
Für die war ich immer nur verrückt, ausgestoßen,
verunglückt.

Glück – was für eine Hure.
Sie wird überbewertet.
Sie kommt und geht, wie es ihr gefällt.
Das macht sie so reizvoll.

Aber Glück findet man nicht,
wenn man anderen nachläuft;
keinem Lehrer, keiner Mutter, keinem Gott
- niemandem.

Man muss auf dem Glück leben,
nicht mit ihm.
Es gibt keinen Weg, es zu erreichen.
Es ist der Weg
- und der führt durch die Gosse
und nicht durch die riesigen Einkaufsstraßen.

Auf dem Glück leben
heißt, es sich zum Untertan machen.
Ein freies Leben.
Unsicher!
Die Fülle des Lebens liegt im ungesicherten Leben.

Ich habe nur die nötigsten Versicherungen.
Altersvorsorge geht mir am Arsch vorbei.
Ich war jahrelang bei keinem Arzt.
Ich wähle keine Politiker, bin sehr wohl aber politisch.
Ich will niemals einen Chef oder Kollegen,
einfach niemanden,
dessen Leben so armselig ist,
dass er andere braucht,
um seine eigenen Missstände irgendwie zu rechtfertigen.

Ich bin vogelfrei.

Besenkammer

In der Seele gibt es einen Raum,
den man öffnen kann,
den man betreten kann,
den man aber mit nichts, rein gar nichts, einrichten kann.
Er bleibt immer leer, selbst wenn man in ihm steht.

Selbst in den fröhlichsten Stunden,
in erquickenden Momenten,
im Zwiegespräch mit Göttern,
beim Sex mit einer Traumfrau,
beim Lottogewinn
oder einer fetten Steuerrückzahlung
merkt es jeder:
Die kleine Kammer, wo höchstens
Besen, Handfeger oder Schaufel reinpassen,
bleibt unerfüllt – einfach leer.

Mehr denn je weiß jeder,
der schon einmal richtig gelitten hat:

In der Seele gibt es einen Raum,

den man öffnen kann,
den man betreten kann,
den man aber mit nichts, rein gar nichts, einrichten kann.
Er bleibt immer leer, selbst wenn man in ihm steht.

Der Typ, der den Mut hatte

Er war an einem Punkt,
wo sein Leben nicht weiterging.
Egal, was er tat, dachte, soff, schnupfte
oder fickte:
Nichts änderte sich.
Alles blieb, wie es war,
obwohl sich alles binnen weniger Sekunden verändert hat.
Er bekam es nur nicht mit.
Schade drum.

Denn irgendwann hatte er so viel gesoffen,
dass er bei strömenden Regen
eines der kleinen Holzfenster öffnete.
Das Fensterbrett schien unter dem Regen aufzuweichen,
die Wand wirkte für ihn wie eine Stütze.

Also tastete er sich blind an ihr hoch.
Erst wurden seine zitternden Hände nass,
später der Hals, die Brust und sein Wanst,
zuletzt der Kopf, weil er ihn,
nachdem er schon an Brust, Hals und Wanst nass war,
aus dem Fenster steckte.

Seine Haare fielen zusammengeklatscht nach vorn.
Er blickte nach unten,
dann nochmal zurück in seine Wohnung
- achter Stock.
„Das reicht.", dachte er.

Dann ging er vom Fenster
und suchte in seiner Bude nach Fotos
von seinem Leben.
Doch da waren keine.

Also machte er sich noch einen Drink,
holte sich einen auf dem alten Sofa runter,
warf eine Keramikvase in den Fernseher,
den er eh schon ewig nicht mehr an hatte
und kletterte dann auf das Fensterbrett.

Er ließ sein Beine aus dem Fenster baumeln.
Der Regen sorgte für den Rest:
Er war nun von oben bis unten nass
und hatte nichts in seiner Wohnung.

Die Flasche war nur bis zur Hälfte ausgetrunken,
das Feuerzeug neben den Zigaretten
lag leblos, achtlos auf dem billigen
Tisch, neben dem nur ein Stuhl stand.

Es war ein winzig kleiner Moment,
der ausreichte.
Und er hatte den Mut, diesen Moment zu nutzen.
Langsam schob er sich nach vorne.
Seine Hände zitterten.
Um 18:30 passierte es dann
und er rutschte vom Fensterbrett ins Freie.
Augenblicke später lag er auf dem Asphalt.

Das alles passierte ohne Geräusche.
Der Regen verhüllte, was geschah.
Nur das dumpfe Aufprallen konnte er nicht überspielen.
Die Gestalt da unten lag friedlich,
so als hätte sie schon immer dort gelegen

oder gehörte sie dorthin.
Der Kopf war seltsam verdreht
und die Mischung aus Regenwasser und Blut
sorgte für einen bizarren Anblick.
Das rote Wasser floss Richtung Kanal.
Die Straße hatte ein Gefälle.
Aber er war nichts weiter als ein Haufen
Gedärme gut verpackt in Anzug und Hose.

18:32 klopfte jemand an die Wohnungstür.
Es war zu spät.
Nur für wen?

Du machst es nur schlimmer

Wer für Liebe kämpft,
kann sie nur mit Kampf behalten.
Kampf aber ist nicht Liebe.
Ehe ich das verstanden hatte,
vergingen unzählige Tage
der Hoffnung, Verbitterung, Enttäuschung,
des Trinkens, Rauchens und Fickens.
Immer angetrieben, ruhelos, blind
stets die Waffe gezogen und bereit zuzuschlagen.

Vielleicht ergeht es dir ähnlich.
Du hängst an etwas, was es nicht gibt
und nur der Kampf gibt dir das Gefühl,
noch etwas zu haben.
Es ist Schattenboxen.
Mein Tipp: Du musst mehr trinken oder loslassen.
Vielleicht verlierst du deine Freundin oder deinen Freund,
deine Arbeit, dein Haus, deine dir gewohnte Umgebung.
Alles das kann und darf wegbrechen,
was übrig bleibt,

das bleibt und wird geliebt sein
- aus sich selbst heraus.
Dann ist augenblicklich Frieden da.

Ein mieser Vater

Mein Vater wurde von meiner Mutter vor die Tür gesetzt.
Sie hat das komplette Sorgerecht gekriegt.
Dann hat sie meine Kindheit und Jugend genutzt,
meinen Vater zu dämonisieren.
Kontakt zu ihm hatte ich nur selten,
und wenn er bestand,
hat meine Mutter alles Mögliche an ihm schlecht gemacht.
Dabei wollte ich ihn nur lieben.
Einfach so – als Vater.
Aber das ging nicht,
denn ich hatte lange nur Wut und Angst für ihn übrig.

Laut meiner Mutter,
für die ich mich umbringen musste,
sei er geisteskrank gewesen,
unfähig für Familie,
geschweige denn Kinder,
faul
und letztlich einfach ein Trottel.

Ich hatte viele Jahre keinen Kontakt zu ihm.
Die feindselige Haltung meiner Mutter war nicht nur auf ihn
konzentriert.
Sie sah überall nur Feinde:
in der Familie,
in der Kirche,
in der spießigen Gartenanlage,
auf Arbeit.

Mein Vater hat sich irgendwann zurückgezogen,
war froh, seine Ruhe zu haben
und hat sich nicht mehr geregt,
auch wenn er sicher viel an mich gedacht hat.

Was habe ich gelernt?
Die Menschen wollen mir ans Bein pissen.
Ich wurde zum Einsiedler.
Damit fühle ich mich inzwischen ganz wohl.
Es zieht mich hier und da zu Menschen,
aber nie so wirklich,
lieber bin ich für mich.
Der Adler fliegt allein,
so rede ich mir den Scheiß schön.

Mein Sohn war seit Freitag bei mir.
Wir besuchten Spielplätze,
haben TV geschaut,
Lego gespielt
und heute waren wir Reiten.
Er hat ein kleines Scheriff-Kostüm
und überteuerte Legobausätze von mir gekriegt.

Er wohnt eine Stunde und ein paar Minuten von mir entfernt.
Ich fühle mich verdammt schlecht damit.
Zwar zahle ich immer den Unterhalt
und versuche es so einzurichten,
den Kleinen
jedes zweite Wochenende zu nehmen.

„Nehmen" heißt übrigens
Betreuung, Bildung und Erziehung.

Aber es scheint zu wenig zu sein.
Ich bin nicht Teil seines Alltags

und frage mich, ob ich es sein will oder sein kann.
Seine Mutter ist eine liebherzige gute Frau.
Sie liegt mir öfters auf den Ohren,
ich solle in ihrer Nähe wohnen,
um öfters für ihn da zu sein.

Ich hadere.
Bin ich deshalb ein schlechter Vater?
Vermutlich.

Es ist befremdlich,
so ein kleines Geschöpf dauerhaft um sich zu haben
mit all seinen Bedürfnissen, Ansprüchen,
Erwartungen,
aber auch mit der fraglosen Liebe,
die mir dieses Geschöpf entgegenschleudert.

Ich lebe in einem Elfenbeinturm.
Das Harte ist, dass ich mich damit wohl fühle.
Ich fühle mich frei und scheine nicht bereit zu sein,
für meinen Sohn und dessen Mutter
in deren Nähe zu ziehen.
Ich halte mich selber nicht aus,
wenn ich erkenne,
was für ein mieses Arschloch ich bin.

Jeder andere Kerl,
wenn er nicht gerade mit einer 18jährigen Schönheit
durchgebrannt ist,
wäre sofort bereit,
nur eine Straße von seinem Kind entfernt, sich eine Bude
einzurichten.
Ich hadere damit.
Ich hasse mich dafür,
aber ich fühle mich hier wohl.

Mitten im Wald in einem alten Haus.
Das war unser … mein Traum.

Was für ein Flachwichser muss man sein,
um diesen Traum zu erhalten,
der Preis aber eine Entfremdung zu seiner Familie ist?
Die Antwort:
Ein gewaltiges.
Ich bin ein Monster.
Auch wenn mein Sohn es anders sieht.

Würde ich näher bei ihm wohnen, wäre er öfters bei mir,
das wäre toll,
und er könnte deutlich bessere Bildungschancen erhalten.
Aber ich wäre auch größeren Verpflichtungen unterworfen,
etwas, das mir Angst einjagt.
Warum, weiß ich nicht.
Ich will keinem anderen Menschen unterworfen sein.
Diese Macke macht mich fertig.

Vielleicht sollte ich es einfach versuchen.
Unser Haus verkaufen
und in eine Gegend ziehen,
in der ich nie freiwillig wohnen würde;
eine hässliche Gegend,
wirklich hässlich.
Doch was würde mein Sohn davon lernen?
Selbstaufgabe?
Glaube an etwas Höheres?
Liebe?

Ihm gefällt es hier bei mir.
Es ist sein Zuhause geworden,
auch wenn ich wie auf einem Campingplatz lebe.
Hier fühle ich mich frei.

Dort wäre ich nur ein Gefangener.

Ich bin ein Narr
und werde dafür teuer bezahlen müssen,
egal, für was ich mich entscheiden werde.
So oder so werde ich von innen nach außen zerfressen.

Gehäutet

Heute habe ich unser kleines Klo auf Vordermann gebracht.
Zuerst habe ich die alten Bleileitungen und Alukabel rausgerissen,
dann habe ich Risse und Löcher zugespachtelt.
Danach habe ich einen widerlichen, hässlichen und dummen
Wasserhahn mit einem Brecheisen entfernt.
Als nächstes war eine alte Wandlampe dran.
Die hat mich wütend gemacht. Sie starrte mich unentwegt an.
Die rostigen Schrauben, die sie hielten, waren sehr fest.
Mit Gewalt ging es aber.

Dann habe ich Wasser und Lehm gemischt,
die Wände befeuchtet und den Putz angeworfen und begradigt.
Dann hieß es warten.

Unterdessen trank ich ein Bier aus einer klebrigen Dose,
rauchte ein paar Kippen
und hörte dem Wasserfall vor meiner Haustür zu.

Dann habe ich mit einem Schwamm die Oberflächen der Wände
angeglichen.
Es gab Hügel und Dellen, so dass ich morgen weitermachen muss.

Ich häute mich hier,
weiß nicht, wie lange ich noch hier sein kann.
Mit dem Putz im Klo ist ein weiteres Stück Haut meines Lebens
abgerissen.

Darunter glitzert etwas.
Ich weiß nicht, ob sich jemals neue Haut bilden wird
oder ob ich bald nur noch mit nacktem Fleisch durch diese Welt
kriechen werde.
Sollte es so kommen, werde ich nicht jammern.
Ich werde weitermachen, bis als nächstes nur noch die Knochen
aus mir herausstarren.
Und wenn die irgendwann mal wegbrechen,
bleiben ein paar Zeilen übrig,
mit denen ich noch immer weitermachen kann.

Es geht immer weiter.

Hier liege ich

Hier liege ich,
auf einer viel zu kleinen blauen Couch.
Sie ist ausklappbar,
für Besuch der niemals kommt.

Mein Mund ist offen
und zurzeit kann ich noch nicht mal
„Hilfe" sagen.
Draußen fahren die Autos vorbei,
niemand sieht mich hier.
Es regnet.
Plitsch, platsch.
Manchmal kräht ein Hahn
oder ein Hund bellt.

Ich gebe hier nichts auf,
aber alles tut mir weh:
die Schenkel drücken,
der Nacken zieht,
mein Bauch ist chronisch angespannt,

meine Waden ziehen,
in meiner Luftröhre sammelt sich Schleim,
der Rücken gibt pulsierendes Kneifen ab.
Noch nicht mal die Sonne scheint.

Meine Hose ist fleckig, zerknittert,
die meisten Flecken sind hinten.
Mein Hemd hat Löcher,
ist auch zerknittert,
hat aber noch keine Flecken.
Im Schlaf scheine ich aber zu sabbern.

Meine Augen sind gequollen,
die Nase verstopft,
ich habe Husten.
Sogar meine Finger tun weh als hätte ich Gichtpfoten.
Ich sollte schlafen,
aber ich schaffe es nicht.

Vorhin ist eine Maus in eine gespannte Falle getreten.
Es gab einen dumpfen Laut und sie war dahin.
Ihre Augen waren aufgequollen,
sie hatte aber keinen Schleim in der Luftröhre,
keine verstopfte Nase, keinen Husten,
keine schmerzenden Finger und andere Sachen.

Ich kann hier nichts ausrichten.
Ich liege hier wie die Maus in der Falle:
Entspannt.
Ein Assi, der seine Frau schlägt,
ein Penner, der mit brennender Kippe einschläft,
ein ideologisch vernarrter Attentäter,
Bankräuber,
vermummte Blöcke,
die können noch was ausrichten.

Die können Feuerwehr, Polizei,
Politbonzen, Fernsehen oder Radio in Bewegung setzen.

Ich kann das nicht.
Ich liege nur hier, ruhe mich aus.
Verdammte Kopfschmerzen.

Irgendwann denkt kein Schwein mehr an dich

Da planst du nun dein Leben,
angefüllt mit Hoffnungen, Wünschen, mit Verlangen,
mit irgendwelchen unsinnigen Kinderwelten,
dann krepierst du.

Die meisten scheißen sich ein, wenn sie sterben,
dann stinken sie jämmerlich.
Ihr Blick ist nur noch gebrochen.

Dann werden sie verscharrt oder verbrannt.
Und du glaubst ernsthaft, du könntest was erreichen?

Jeder kennt die Lösung

Jeder weiß doch, wo es langgeht,
jeder kennt seine Strecke
und weiß, was er will und was nicht.
Jeder, wirklich jeder.
Sogar die, die sagen, sie wollen nicht,
sie können nicht.
Aber: Sie wissen es.
Jeder kennt die Lösung.

Und kaum einer traut sich, sie auszusprechen,
sie umzusetzen, für sie einzutreten,
für sie zu lieben, zu hassen,
tausendmal zu sterben.

Jeder kennt sie,
keiner will sie.

Und jeder klagt, dass er in Scheiße sitzt,
mit Scheiße beworfen wird
oder Scheiße produziert.
Immerhin!
Scheiße kennt jeder,
irgendwann hat man sich an sie gewöhnt,
dann hat man gelernt, ihren Duft zu lieben,
ihre breiige Masse als zweite Haut zu tragen,
aber tief drinnen kennt jeder die Lösung,
doch niemand braucht sie mehr.

Leg los, werd' groß!

Groß werden, heißt nicht nur, dass man wächst.
Das passiert von alleine.
Gedanken kommen von alleine zu dir,
auch Gefühle bewandern dich heimlich
und rühren dich.
Dafür musst du nichts tun.
Atmen geschieht allein,
das Blut fließt allein durch deinen Körper.
Das Leben durchdringt dich allein.
Du musst nichts tun.

Und trotzdem solltest du handeln.
Dein Handeln geschieht von allein,
auch wenn du glaubst, der Herr deiner Welt zu sein,
alles unter Kontrolle zu haben
oder irgendwas entscheiden zu müssen.
Die Entscheidungen kommen von allein.
Deine Freiheit ist allein,
dein Gefängnis ist es auch.

Werd' dir gewahr,
dass du Leben bist und alles geschieht,
was schon immer geschehen ist.
Da gibt es nichts zu korrigieren,
nichts auszugleichen.
Die Dinge kommen zu dir,
sie gehen von dir fort.
Du bist allein.

Lebe dich selbst,
lebe dein Leben.
Du hast nur eins.
Da gibt es keine Reserve,
keinen Restart, keinen Speichermodus,
Nichts.
Jeden Tag aufs Neue: Leb!
Das ist das Geheimnis:
Du musst nichts tun und doch bleibt nichts ungetan,
als Teil des großen Ganzen.
Wachsen geschieht von allein,
Verderben geschieht von allein,
alles hat seine Zeit,
alles bleibt Windhauch.
Hast du einmal kapiert, dass nichts in deiner Macht steht,
bist du augenblicklich groß und hast alles in deiner Macht.
Das ist aber nicht die Macht, die dir die Pfaffen, Coaches,
Seelenklempner und Quacksalber verkaufen wollen.

Es ist keine Entscheidungsgewalt,
kein Positives Denken, kein Seelenheil in einem Jenseits,
keine Macht über Gut oder Böse,
sondern jenseits davon,
tief im Inneren.
Diese Macht ist eine Haltung,

die aus sich selbst entsteht, aber auch verfallen mag.
Dieser winzige Kern, der unberührt ist, wenn alles um ihn herum
der Wandlung unterworfen ist, ist die Wandlung selbst.
Wie paradox: Die Stille in dir ist der Pol aller Wandlung,
die Wandlung der Pol deiner Stille.

Tobt draußen der Sturm,
peitscht der Regen gegen die Scheiben,
stapeln sich die Schneeberge im Hof,
reißt es dir die Pfannen vom Dach,
steht dein Keller unter Wasser,
so bist du augenblicklich all dies.
Das Gewahrsein, im Auge des Sturms
der Sturm selbst zu sein,
verleiht ein unerschütterliches Herz.
Schwert und Tau werden zu Teilen deines Seins,
weil sie es schon immer waren.
Da gibt es nichts zu entdecken oder zu erforschen.
Es bedarf keiner Mühe, keiner Anstrengung,
keiner Ziele oder Ideale.
Alles, was es braucht, ist schon immer da gewesen
- wird immer da sein.

Selbst wenn du tausend Feinden gegenüberstehst,
bleibt dein Herz ruhig, weil du erkannt hast,
dass es nichts zu gewinnen oder zu verlieren gibt.
Sie mögen dir die Glieder herausreißen,
deine Augen verbrennen,
dir den Bart versenken,
die Eier abschneiden
oder dich beim lebendigen Leibe kochen,
doch nichts kann an die eine Wahrheit herankommen
und sie vernichten, die fernab deines Körpers
unendlich lebt.

Gehst du durch den Platzregen,
wirst du nass.
Das ist die ganze Wahrheit.

Point of no return

Inzwischen sammeln sich die Momente,
in denen ich glaube, etwas ginge seinen Gang.
Dann wache ich am nächsten Morgen nüchtern auf
und kapiere: Nichts ist passiert oder würde passieren.

Was im Bett ziemlich schnell kommt,
ist der Point of no return.
Aber außerhalb scheint er sich Zeit zu lassen.
Dabei will ich nur schnell fertig werden.

Ich kriege es nicht hin.
Jedes Mal wenn ich mich zu etwas entschließe,
fühle ich mich stark, leicht und einfach richtig.
Je näher die Umsetzung des Entschlusses rückt,
also der Point of no return,
desto fetter werde ich,
unbeweglicher,
versoffener,
trauriger,
und erbärmlicher.

Dabei könnte dieser Point of no irgendwas
befreiend, ekstatisch und voller Magie sein.
Nur meine Fettleibigkeit bringt mich kurz davor zum Stillstand.
Dann harre ich aus,
schnappe nach Luft
und schlafe ein.

Über mir schreien die Krähen,

die Würmer unter mir erheben sich,
aus mir heraus kriechen die widerlichsten Maden,
die die Welt kennt.

Dann geht es von vorne los.
Ich steuere auf etwas zu,
der Point of no return steht schon am Wegweiser.
Ich reise das scheiß Teil aus seiner Verankerung
und mache ein Lagerfeuer draus,
an dem ich die Krähen, Würmer und Maden
brutzeln lasse.

Und wieder verpasst.
Fuck!

Ich freunde mich mit einer Idee an,
dann kommen die ersten kosmischen Bewegungen,
dann kneife ich,
verwerfe sie.
Der Kosmos bricht zusammen,
bildet sich neu,
immer und immer wieder.
Und der Point of no return,
der ist weiter denn je entfernt,
wenn ich mit angezogener Handbremse fahre.

Rumhängen, warten, sterben

Wozu sind wir hier?
Zum Sterben!
Das ist unser Ziel, der Endpunkt,
der uns morgens ins Gesicht geschleudert wird wie ein nasser
Waschlappen,
der uns abends ins Gesicht geschleudert wird wie ein nasser
Waschlappen.

Wir sind hier, nur um zu sterben.
Das fängt schon vor der Geburt an.

Dann gibt es ein paar Arschgeigen, die mit dieser Tatsache nicht
umgehen können.
Weil sie sich einsam fühlen, zwingen sie anderen ihre Zweifel und
Ängste auf.
Das nennt man dann Religion, höhere Werte, Liebe – sie entarten
Begriffe.
Sie können sich nicht damit abfinden, einfach nur hier zu sein,
begrenzt,
allein,
nackt,
verängstigt.

Die einen kommen damit locker klar. Die schreiben, singen, spielen
Gitarre,
trinken, rauchen, wetten, lassen sich auf alles Mögliche ein.
Die anderen, und das sind die Gefährlichen, die wollen etwas dem
Nichts hinzufügen.
Sie sind sich nicht zu schade, andere Menschen für sich
einzuspannen,
ihre Neurosen zu übertragen, ihre Ängste zu teilen, damit andere
sie glauben.
Glauben sie andere, fühlen sie sich in ihren Ängsten schnell
bestätigt.
Dann modeln sie was zusammen, was weder Hand noch Fuß hat.

Statt einfach mal abzuwarten,
rumzuhängen,
ne Fluppe zu rauchen
oder es sich mit einer Frau gutgehen zu lassen,
kämpfen sie.

Überm Himmel gibt es nichts.

Höhere Werte sind was für Schwuletten,
die es nie lernen werden, innezuhalten.

Einfach mal rumhängen,
warten
- augenblicklich wäre Frieden da, denn es gäbe nichts,
was erreicht, erkämpft oder erhalten werden müsste.
Aber sie mühen sich lieber ab,
um das falsche Bild eines sich aufopfernden Kriegers
aufrechtzuerhalten,
um es auf einen Altar der Selbstbeweihräucherung zu stellen,
nur um am Ende dort zu landen,
wo schon so viele vor uns gelandet sind.

Schade drum.

Sorglos

Der Schlafende schläft nicht, wenn er schläft.
Er reißt seine Augen auf, frisst sich durchs Leben,
glaubt seinen Bildern,
rennt seinen Gefühlen hinterher.
Er verschläft den Augenblick
und so das ganze Leben
- Schritt um Schritt.

Der Erwachte schläft, wenn er schläft,
er sitzt, wenn er sitzt
und denkt, wenn er denkt.
Er hat Bilder im Kopf
und Gefühle im Bauch,
nur dort.
Sie ziehen ihn nicht weg,
runter oder heben ihn hoch.
Sie sind da, wo sie sind,

weil er da ist, wo er ist.

Wenn der Mensch glaubt, sich zu kennen

Wenn der Mensch glaubt, sich zu kennen,
lebt er vom Widerspruch,
von Druck und Gegendruck,
vom Für und vom Gegen.

Wenn der Mensch glaubt, sich zu kennen,
ist er für eine Sache oder gegen sie,
für einen Menschen oder gegen ihn,
für eine Partei oder gegen eine,
für eine Zukunft oder gegen eine,
für eine Vergangenheit oder gegen eine,
für eine Wohnung oder gegen eine,
für ein Verlangen oder gegen eins,
für Geld oder dagegen,
für, gegen, für, gegen, für – gegen.

Was diese Menschen sind, sind Meinungen.
Gibt es nichts, wogegen sie schieben
oder an was sie ziehen können,
sind sie tot.
Mausetot.

Ein Mensch, der weiß,
weiß nicht, er glaubt nicht,
ist im Für oder Gegen
nur als Form,
nie als Sein.
Er ist.
Mehr nicht,
weniger auch nicht.
Ist.

Sein.

Wenn wir uns einander neu begegnen

Vertrieben hat uns ein schwarzer Sturm,
versperrt ist uns der Weg gemein,
du bist der Drache, ich der Wurm,
kannst du je sagen: „Ich bin dein."?

Wenn wir uns einander neu begegnen,
werden Bäume wieder grünen,
dunkle Wolken nicht mehr regnen,
und Blumen endlich wieder blühen.

In jenem bunten Tal,
wo wir einst einander lagen,
werden wir einander sein ein weiter's Mal,
und uns schauen, lieben und wiederhaben.

Denk an den Fluss, der hinter uns sich sacht bewegt,
an die Bank, auf der wir zusammen waren,
und wie wir auf lichter Flur gemeinsam just erregt,
dann vergeht die Zeit, das Licht, die Nacht in Tagen.

Nun sind getrennt unsere Wege,
das erste Morgenlicht erlischt,
die Sterne hängen träge,
auf Dunkelheit folgt Licht.

Wenn wir uns einander neu begegnen,
werden Himmel und Erde singen,
wird der Größte uns mit seiner Güte segnen,
können wir im selben Rhythmus klingen,
dass nichts verschwinden kann,
was wahrhaft war und nie im Bann.

Dem Grad seiner Verwesung nach zu urteilen,
starb der Mann vor 5 bis 7 Tagen.
Seine gelbgefärbten Finger zeigen, dass er Raucher war.
Er hat Schwielen an den Händen,
ist tätowiert.

Seine Finger- und Zehennägel sind 1 cm lang.
Die Leber ist vergrößert,
seine Gelenke stark verkalkt.
Rückgratkrümmung.

Was nicht zu sehen ist:
Dieser Mann starb einsam in einer Ein-Raum-Wohnung
nach 85 Jahren einer ganz eigenen Geschichte,
einer Geschichte mit Höhen und Tiefen,
mit Lust, Hoffnung, Herausforderung, Schmerz,
Krankheit, Abschied, Sehnsucht.

Dieser Mann starb einsam.

Vielleicht hat er woanders Bekannte oder Verwandte,
hier kennt ihn niemand.
Vielleicht hat er eine Ex-Frau, ein Kind,
irgendeinen alten besten Freund,
irgendwas,
vielleicht aber auch nur
gelbgefärbte Finger,
Schwielen, Tattoos,
zu lange Nägel,
eine große Leber,
Kalk in den Gelenken
und ein krummes Rückgrat.

Und vielleicht hat er diese Dinge nicht,
sondern ist diese Dinge.
Mehr nicht. Windhauch.

Ich fühle mich gezogen

Ich bin nicht, der wirkt,
der abends in den Himmel schaut,
um einen Stern zu blicken,
der so zart und rein, so herrlich lebend
seine Form erstrahlen lässt.

Gezogen fühl ich mich zu dir,
doch nicht, weil ich an dir ziehen will,
geliebter Stern.
Würdest du denn eine Blume pflücken,
um ihr so den Tod zu geben?

In stummer Nacht und dunklen Himmeln,
im Unendlichen, da scheint ein Licht,
das ich nie entfacht,
welch' doch immer scheint,
und allerlei Gedanken,
die da kommen und wieder fahren,
sind Windhauch
vor des Lichtes tiefer Deutung.

Ich fühle mich gezogen,
gebe mich dem Strome hin,
schenke mich dem Leben,
nackt, verängstigt,
mutig,
wie ein Kind sitzend
in stiller Zeit
mit festgebannten Augen

auf den vor sich plätschernden Bach,
der nimmer schläft
und im Winter noch das Leben trägt.

Ich verschenke mich dem Fluss
und weiß so fest im Herzen:
„Ich bin getragen, war niemals verloren."
Für wahr: Ich bin ein Nichts und vermag auch nichts zu wissen,
gebändigt nur vom Augenblick,
der 1000 Türen öffnet
und alle Wunder bringt,
mich spüren lässt den einen Sinn.

Ich fühle mich gezogen,
lasse mich ziehen,
will niemals ziehen,
und wenn die Welt fragt: „Wohin?"
So blicke ich mit Kindesaugen auf den Bach,
lasse Tränen fließen
und Gelächter hallt heraus,
spreche dann mit leiser Stimme:
„Nach Haus'."

Sinken – und alles ohne Mühe

Es gibt sie, die da zanken,
um die beste Stelle ranken,
die da sind bemüht,
dass im Innern alles glüht.

Sie regen ihre Körpermitte,
laden auf ihre Tritte,
schlagen noch mit ihrem Becken
und wollen damit and're necken.

Sie suchen nach dem perfekten Stand,
werden fest – und das in Wurzel gewandt,
senken ihren Schwerpunkt ab,
und glauben den andr'en schon Schachmatt.

Doch der Schwerpunkt geht noch tiefer,
weit unter Lehm und Schiefer,
man muss unter sich selber sinken,
das klappt dann auch beim Hinken.

Dann braucht es keine Struktur,
denn eine fremde Kraft wirkt nur.
Alles entsteht von innen
und man braucht nicht länger an sich selbst zerrinnen.

Alles gehabt und alles verloren

Das Licht in dem viel zu kleinen Raum flackerte und die alten vergammelten Möbel warfen ihre Schatten, je nachdem, wie das Licht gerade schien. Meistens trugen sie aber keine Schatten, sondern standen nur da – taten nichts.

In der einen Hand hatte er seine Wodkaflasche und in der anderen einen Notizblock.
Keinen Stift.
Er trank.
Das Licht wurde heller, dann dunkler, irgendwann erlosch es.
Er trank.

Langsam und mit Schmerzen in den Knien und am Rücken erhob er sich und tastete sich wüst durch das Zimmer. Er griff nach den Möbeln und den Fotos an den Wänden, die ihn zu umkreisen schienen. Mal griff er was Hartes, mal was Weiches, irgendwann griff er nur noch in die Luft und schien zufrieden zu sein, denn da war nichts.

Nichts, was es zu greifen gilt, nichts, was es festzuhalten gilt.

Immerhin! Er hatte schon alles, was er wollte. Scheiße, Mann, er war noch nicht mal 30 und hatte einen wunderbaren Sohn, eine tolle Frau, zwei Häuser und einen Job, in dem er tun und lassen konnte, was er wollte. Er hatte alles.

Und jetzt? Jetzt saß er da – wieder. Im Dunkeln. Die Flasche leer, der Block lag zum Schreiben bereit. Kein Stift. Dann legte er sich auf den kalten Fliesenboden und dachte an all die Boxer, die mal Weltmeister waren. Nur weil sie den Titel an andere abgeben mussten, hatten sie dennoch alles erreicht, was es in diesem blutigen Spiel zu gewinnen gibt. Und irgendwann griffen sie wieder ins Dunkel.

Jeder greift ins Dunkel.
Das Licht wurde wieder heller, doch er war müde.

Da draußen

„Ich habe immer versucht, in einem Elfenbeinturm zu leben, aber es brandet eine solche Flut von Scheiße gegen seine Mauern, dass er einzustürzen droht." sagte einst Gustave Flaubert.

Und Bukwoski ergänzte: „Wenn eine heiße Frau auf einen Einsiedler trifft, muss sich einer ändern."

Meistens geschehen solche Änderungen von selbst, aus dem Lauf der Dinge, und auch der Elfenbeinturm wird irgendwann einbrechen, ebenso wie die Flut von Scheiße irgendwann Ebbe sein wird.

Da draußen ist alles im Wandel: schön wird hässlich, arm wird reich, krank wird gesund, jung wird alt, alt wird jung.

Heiß wird kalt.

Hass zu Liebe.

Ein wahnsinniges Spiel und verdammt sind alle, die Monopoly spielen und ihr Spielgeld für echten Reichtum halten. Wo ist der Unterschied zum Leben? Alles ist Spielgeld.

Eine solche Flut von Scheiße.
Und die Menschen halten das Spiel für die Wirklichkeit.
Irgendwann sind sie nur noch alt, krank, zerfressen, hässlich, arm.

„Ich habe immer versucht, in einem Elfenbeinturm zu leben, aber es brandet eine solche Flut von Scheiße gegen seine Mauern, dass er einzustürzen droht." sagte einst Gustave Flaubert.

Einsamkeit vs. All-ein-Sein

Aus dem Fenster

Schau ich aus dem Fenster, sehe Gartenzäune schief im Winde steh'n,
ebnen Sonnblumen, Tulpen, Osterglocken meinem Blicke schmalen Pfad
endlos hin zu meiner Kinderschar.

Blaue Augen, tiefer Sinn, spiegeln Götter, ganze Welten einzig in der Kinderseele hin,
vergnügt sitzt ihr auf Mutter Erde, spielt frei und reich mit Fantasie, lasst Burgen steh'n, Schlösser bauen, Gärten schaffen, Liebe walten.

Frohe Hände hier das Land bestell'n, innig man am Feuer sitzt, der Vögel wunderbare Laute tönen, Frieden hallt in Waldesruh

– der Familie Banner ist gestohl'n,
kein Kind, das hier baut, niemand, der aus dem Fenster schaut.

An einem anderen Fleck der Erde

Manchmal stelle ich mir vor,
wie ich entführt werde.
Da kommen ein paar vermummte Typen in mein Haus,
knipsen mir das Licht aus
und bringen mich an einen anderen Ort
fern meiner Heimat.
Vielleicht bringen sie mich in einen Dschungel in Südamerika
oder sie bringen mich in die Wüste.
Egal.
Ich beherrsche dort keine wichtige Sprache,
mein ganzes Verhalten würde befremdlich wirken.
Dann werfen sie mich in ein Loch oder eine Zelle.
Ich sehe nur hier und da Tageslicht.
Niemand kommt zu mir an diesen fernen Ort,
niemand würde dort nach mir suchen.

Nun weiß ich, wie man sich in Gefangenschaft verhält,
wenigstens theoretisch.
Ich habe auch gelernt, wie man in Einzelhaft sich selber
unterhalten kann,
um nur halb verrückt zu werden.
Das Essen würde ich vermutlich nur im Notfall anrühren.
Kacken und Pissen ginge wohl nur in eine Ecke,
in einer anderen würde ich schlafen.

Wenn man mich foltern würde,
würde ich solange es geht, keinen Schmerz zeigen.
Aber irgendwann bricht der Körper zusammen,
dann schreit er sich alles raus.
Er schreit, wenn sie mich in Gummireifen pressen,

wenn sie mir Hölzer unter die Fingernägel stecken,
wenn sie mich grillen, ertränken
oder einfach nur auspeitschen.

Geist über Körper.
Das wäre das, was mich am Leben lassen würde
- vielleicht nur kurz.
Vielleicht auch gar nicht.
Vielleicht würde ich mir auch nur in die Hose machen
in Angesicht der Qualen und der Furcht vor weiteren.
Das ist das Traurige, dämmerte es mir:
Solange ein Mensch am Leben ist, kann man ihn quälen.

In der Zelle oder im Loch würde ich Selbstgespräche führen.
Wenn sie mich transportieren, würde ich auf jede Kleinigkeit am
Weg achten.
Egal was, irgendein Hinweis, wo ich nur sein könnte.

Dann habe ich seit meinem 15. Lebensjahr zig Nahkampftechniken
gelernt
und ich weiß, ich könnte sie niemals anwenden,
einfach weil ich es nicht gewöhnt bin.
Gefangenschaft, Bewegungen im Gelände,
verschiedene Waffensysteme, Tarnen und Täuschen,
Wetterkunde, Orientierung ohne Technik,
Erste Hilfe, Überwintern und Biwaken,
alles nette Dinge,
aber wenn die vermummten Typen kommen,
würde ich vermutlich gar nichts tun.

Schon gar nicht, wenn ich im Dschungel oder in der Wüste sitze.
Würde ich es schaffen, zu entkommen, wäre ich dort ganz allein.
Niemand würde mich verstehen,
niemand wäre da, um mich rauszuholen,
niemand könnte mir den Weg weisen.

Da scheint es allemal besser zu sein,
im Loch oder in der Zelle zu warten und zu hoffen.
Und wenn die Hoffnung nicht mehr ist,
bleibt eben das Warten.

Die Nacht allein

Ich liebe es, in der Nacht allein zu sein.
Meistens stehe ich vor meiner Tür.
Alles um mich herum ist still und finster.
In der Nähe höre ich den Wasserfall,
der in diesen Tagen besonders laut ist.
Hier und da leuchtet eine Straßenlaterne.

Das einzige Licht bei mir
ist die glimmende Zigarette.
Tabak und Filterpapier brennen rhythmisch ab.
Manchmal mache ich das Licht an der Treppe
mit einem Bewegungsmelder an.
Dann beobachte ich,
wie der Rauch, den ich langsam auspuste,
sich wellenförmig im Dunkel verflüchtigt, auflöst
unsichtbar wird.

Die Nacht allein ist ein Geschenk,
eine Meditation.
In guten Stunden gönne ich mir einen Kräuterlikör.
Den lasse ich dann besonders lange an meinen Lippen.

Inzwischen finde ich so meine Ruhe,
denn ich weiß, dass ich nichts weiter bin
als dieser Rauch, den ich auspuste und der im Dunkel
verschwindet.
Und in der Nähe höre ich den Wasserfall.

Oft bin ich neidisch auf jene Leute,
die sich in Knechtschaft begeben,
die ein regelmäßiges Gehalt beziehen,
nahezu verantwortungslos arbeiten können,
die keine verfickte Bilanz führen müssen,
mühelos Bankkredite bekommen
und schon jetzt mehr Geld haben,
als ich in ein paar Jahren verdienen würde.

Dann sehe ich aber genauer hin
und sehe eine Bande von Weicheiern,
Krümelkackern und Langweilern,
von Menschen, die noch nie für sich sorgen mussten.
Sie gehen zur Arbeit, kriegen ihr Geld – fertig.
Dann Feierabend,
später die Grube.
Dazwischen kaufen sie sich schwachsinniges Zeug,
was ich mir weder leisten kann noch leisten will.
Und das nennt man dann Eigenverantwortung.
Im Grunde ist es nur, von einer Mutterbrust zur nächsten zu
krabbeln,
ganz ohne Gefahr, ohne wirkliche Risiken,
einfach bequem arbeiten.

Um ein Kerl zu werden, ist das sicher der falsche Weg.
Diese Weicheier spielen im Kinderzimmer,
aufpassen tun Staat und Arbeitgeber,
aber man muss es alleine packen,
um groß zu werden.
Wirklich alleine.
Kein Chef, der dir dein Gehalt zusichert,
kein Staat, der der im Notfall die Sklaverei finanziert,
keine Mama, die dir den Brei anrührt.

Wirklich alleine!
Wenn du es alleine geschafft hast,
bist du erwachsen.
Du musst selber zurechtkommen
in der Wildnis,
mit nichts ausgerüstet außer mit deinem Verstand,
deinem Willen und einer gehörigen Portion Eigensinn.

Wer das einmal durchgezogen hat,
will gar nicht mehr zur Mutterbrust zurück,
er braucht keine Sicherheit,
weil er sich seiner Freiheit sicher sein kann.

Es fehlt

Es regnet hier in den Bergen.
Ich sitze in unserem Haus, das 200 Jahre Regen hinter sich hat.
Es ist ein Haus aus Holz, Lehm und Ton.
Töne gibt es hier nur noch selten.
Einsam ist's um mich geworden.

Es soll verkauft werden,
damit ich in eine überteuerte Zwei-Zimmer-Wohnung ziehen kann
ohne eigenen Garten, ohne eigene Terrasse, ohne eigene Scheune,
ohne eigene Zufahrt, ohne eigenes Feuerholz,
ohne Eigen,
einfach nur fremd.

Erst heute waren zwei Menschen hier,
die Interesse an unserem Haus haben.
Eine Frau mit einer Vorliebe für ökologisches Leben
und ihr Mann – ein Indianer.
Beide waren sie miteinander fröhlich.

Ihr Frohsinn hat mich daran erinnert,

wie ich einst froh war, als wir die ersten Male in diesem Haus
standen.
Unser Sohn, er konnte gerade laufen, hatte einen Meisel in der
Hand
und er hat den Putz abgeschlagen.
Das hat er toll gemacht.
Inzwischen guckt er lieber in den Fernseher oder spielt an seinem
Tablet
und hat sozialen Stress im Kindergarten.
Läuft also nach Plan!

Es fehlt mir,
dieser Frohsinn,
sich gemeinsam in ein Wagnis zu stürzen,
fest aneinander gebunden durch Ideale, Werte … Gefühle.
Es fehlt mir,
diese Sehnsucht nach heilvollem Leben,
nach Zukunft – überhaupt nach Leben.

Die Frau und ihr Indianer sind hier mit großen Augen
durchmarschiert.
Sie staunten über das, was wir alles geleistet haben,
über die Atmosphäre, das Leben;
jenes, welches ich hier nicht mehr sehen kann.

Es fehlt,
dass jemand hier ist,
der so denkt und fühlt wie ich.
Es fehlt,
dass jemand sagt: „Wow. Ist das ein schönes Haus."
Es fehlt einfach alles.

Der Blick in meine Zukunft verführt mich,
mir die Augäpfel mit Gabeln rauszureißen,
sie kleinzuschneiden und der Nachbarskatze hinzuwerfen.

Gift im Herz

Schon lange treibt mich um,
was gerade oder krumm,
was Lebensweg oder Sackgasse,
was Qualität oder doch nur Masse,
was selten blüht
und ewig glüht.

Im Kopf da sind nur Chaos und Gewirr,
dem Herzen fehlt ein Brustgeschirr.
Es verweilt im Stall,
will nirgends sein und überall.
Es weiß, was falsch und richtig,
und trotzdem ist ihm alles nichtig.
Es sieht hinab und schaut herauf,
bleibt stehen mitten im Lauf.

Dabei wäre alles so einfach und so klar,
denn das Herz spricht wunderbar.
Es kennt schon längst den Pfad,
weiß, wo's krumm und wo es grad'.
Doch täglich füttere ich es mit Gift,
dass ich nicht höre, was es spricht.

Und wieder eine gekillt

Sie war noch recht jung,
zierlich gebaut, tiefe dunkle Augen,
spitze Ohren, spitzer Mund,
dazu ein Schwanz, der mindestens so lang war wie ihr Körper.
Sie lag da, rührte sich nicht mehr.
Sie schien entspannt zu sein.
Der Bügel, der ihren Nacken auf das Holzbrett klemmte, schien sie
nicht weiter zu stören.

Sie kam zu mir, weil sie Futter suchte,
vielleicht für sich oder ihre Nachkommen.
Egal.
Sie tauchte auf, sah das frische Stück Brot auf dem Holzbrett
und konnte nicht widerstehen.
Sie schlich ein paar Mal durchs Zimmer.
Ihre Schritte hörte ich gut auf den alten Dielen.
Dann gab es ein dumpfes Geräusch,
so als hätte jemand in ein Kissen geschlagen.
Ich erschrak, fühlte mich ertappt, ein bisschen schuldig
und dachte: Jetzt ist es passiert. Sie ist tot.
Eine Hinrichtung.

Ihr Tod muss schön gewesen sein.
Sie starb in Hoffnung und gefüllt mit Sehnsucht.
Da war kein Kummer.
Die Gute stand mitten im Leben.
Sie sah dieses Stück Brot und fühlte sich so wohl,
dass sie nicht zögerte, zuzugreifen.
Doch das war ihr Untergang,
ihre Verdammnis.
Das alles ging aber so schnell, dass sie ihren Untergang gar nicht
bemerkte.
Und nun liegt sie da und ich muss sie nachher noch wegräumen.

Was würden Menschen für solch einen Tod geben?
Ein Bügel, der aus dem Nichts kommt, sie hinrichtet,
während sie auf Essen starren.

Und wieder eine weniger

Es war ein Freitag – verregnet,
so wie sonst nur Sonntage verregnet sind.
Wir waren zusammen und teilten uns Billigfusel.
Sie rauchte und lag auf dem Bauch.

„Was ist nur mit dieser Welt los?", fragte ich
und erhielt keine Antwort. Wozu auch?
Was hätte sie schon sagen können?
Betrunken, verraucht, kaputt.

Die Welt? Ja, sicher. Auch die.
Ich wusste nicht, ob sie noch lebte oder
schon am Übergang zum nächsten Leben war.
Es war mir auch egal.

Sie stand auf und zeigte mir ihre Brüste,
ihre viel zu großen und zu tief hängenden Brüste.
Sie musste aufs Klo und ich blickte hinaus.
Es regnete – grau in grau. Keine Besserung in Sicht.

Ich zündete eine Zigarette an und dachte so:
„Fuck. Wo zum Teufel bist du nur hineingeraten?"
Dann saßen wir auf der Treppe und sie und ich sagten:
„Ich geh mal Zigaretten kaufen."
Dann gingen wir los – und sahen uns nicht wieder.

Wenn die Angst an deine Tür klopft

Wenn die Angst an deine Tür klopft,
öffne,
sei ruhig, bleib cool, konzentriere dich auf deinen Atem.
Die Angst will dir nichts Böses.
An sich ist sie eine ziemlich geile Bitch,
die dir den Arsch retten kann
- wenn du sie lässt.

Jeder hat Angst vor irgendwas.
Du öffnest die Tür und da steht sie,
nackt, feucht, enthemmt und bereit, dich die ganze Nacht zu

vögeln.
Du entscheidest, ob du in Starre verfällst oder mit ihr zu spielen lernst.
Die Angst ist deine Freundin.
Deshalb klopft sie an deine Tür und tritt sie nicht ein.
Sie hat Anstand und weiß, was sich gehört.
Sie weiß, was du brauchst.
Nutze sie, brauche sie – von mir aus: missbrauche sie.
Nur: Dreh dich nicht um und geh weg. Bleib bei ihr.
Halte sie so wie sie dich hält.

Sie hat dir schon eine Million Mal dein beschissenes Leben gerettet.
Du hast am Abgrund gestanden. Sie hat dir geflüstert: „Lass es."
Du hast eine Waffe gegen dich gerichtet. Sie hat geschrien: „Du Idiot!"
Du bist geflüchtet, sie hat dir Starthilfe gegeben.
Du konntest dich verstecken, sie hat dein Herz kontrolliert.

Lass sie gewähren, lass sie machen,
gib dich ihr hin, schenke dich ihr mit Leib und Seele,
lass dein Herz rasen, deinen Atem stocken,
dein Adrenalin durch deine Adern fließen,
aber gottverdammt: Lass sie zu.
Sie ist deine Ehefrau, deine Freundin, deine Affäre, deine Chefin, deine Dienerin,
deine Meisterin, deine Leuchte im Sturm, dein Puls.

Wenn du sie hereinbittest, schenkt sie dir Kraft und Leben,
sie gibt dir alles, was du brauchst.
Nur musst du entscheiden:
Fight, flight oder freeze.
In allen Fällen, steht sie an deiner Seite.
Lass deinen Schatten dein Verbündeter sein.
Lass deine Angst herein und biete ihr etwas zu trinken an.

Er mixte sich Orangensaft und Wodka.
Das Gute am Wodka ist, dass man ihn nicht riechen kann.
Er trank das Zeug schneller als man
„Säufer, du gehst an dir zugrunde." sagen konnte.
Dann stieg er in seine Karre und fuhr los.

Die Musik im Auto lief immer laut,
außer wenn sein Sohn dabei war,
der zwar auf Punk, Metal und Rock stand,
aber noch nicht die Lautstärke gewohnt war.

Unterwegs sah er Frauen und Männer.
Die meisten von ihnen sahen langweilig aus.
Kein Reiz. Nichts.
Einfach nur Menschen, die den alltäglichen Dingen nachgingen.
Wieso in drei Teufels Namen gingen Frauen mit Männern,
die stinknormal waren?
Langweilige Tröten, für die es schon einem Orgasmus gleichkam,
freitagabends mal nicht zu McDonalds zu gehen.
Wie konnte man sich nur an diesem Durchschnitt erfreuen,
an dieser abartigen Mittelmäßigkeit,
in der man Urlaub plante, sich über Arbeit beklagte
oder sich als Rockstar fühlte, weil man mal eine neue Sexstellung
ausprobiert hat?

Diese Frage war existenziell.
Wieso geben sich Frauen mit Weicheiern, Mimosen,
Mädchen mit Pimmel und egoistischen Fratzen ab?
Waren sie selber welche?
Vermutlich.
Immerhin zieht sich Gleiches und Gleiches an.
Sie wollen durchschnittliche Probleme
und heulen, wenn sie durchschnittliche Probleme bekommen.

Er war da anders.
Er wollte schon immer das Verrückte in den Frauen wecken,
das Einmalige, das Anderssein.
Er wollte eben verrückte Probleme.
Dann bekam er sie und mixte sich Orangensaft und Wodka.

Beim Selbstgespräch einfach mal die Klappe halten

Es ist heiß, eine Affenhitze hat mich so weit begleitet,
dass meine Hose von innen gewaschen wurde
und ich noch immer der Frage anheimgefallen bin,
was zum Teufel mit dem Wetter los sei,
wobei es gerade anfängt zu gewittern
und es im Gebirge nur noch 16 Grad sind,

aber vorhin war es heiß,
als ich mit meinem Sohn auf einer Burg war,
damit er Münzen finden konnte,
die ich vorher sorgfältig in den kalten Steinen versteckt hatte,

und dann die Frage, wie es mit dem Haus weitergehen soll,
wie ich mein Auto reparieren lassen soll
oder es doch besser wäre, sich ein anderes zu kaufen,
was zur Frage führt, woher das Geld nehmen,

dann weiß ich, dass ich noch schreiben muss,
denn die Kunden warten – nein, sie warten nicht,
sie drängen,
und dann ist da noch die Doktorarbeit
und das neue Sachbuch,
was auch endlich fertig werden muss,
denn ich will wieder einen Roman schreiben,
vielleicht einen zeitgenössischen,
oder doch noch einmal ins Historische gehen? – es ist heiß,
viel zu heiß,

halt,
nein,
es ist kühl,
hat geregnet,
hier oben ist alles nebelig
und ich gähne schon seit mindestens zwei Stunden,
weshalb ich ins Bett sollte,
aber der Fernseher läuft und

...

hält einfach nicht die Klappe.

Ich werde wohl nie ein normales Leben haben

Das Einfachste kann manchmal das Schwerste sein,
denn gerade wenn man glaubt, alles passe,
ändert sich das Puzzle
und man sieht hinter dem schön geordneten Teppichmuster
die wilden, ungebändigten Fäden und Stricke auf der Rückseite,
die so durcheinander gewirbelt sind,
dass man wohl nie glauben würde,
dass dieses Wirrwarr an Fäden und Knoten
etwas gemeinsam hätte mit den wohligen Formen
der Oberfläche.

Ich habe die Rückseite des Teppichs gewählt,
einfach weil sie das ist,
was das wunderbare Muster der Vorderseite beisammenhält.
Doch ist es nicht gerade diese Oberflächlichkeit,
die auch die Kehrseite beisammenhält?

Wie sehr wollte ich ein Leben jenseits der Norm,
keine moderne Heizung,
keine moderne Isolierung,
kein modernes Auto,
keine typische Arbeit mit dem elendigen Drang,

anderen Leuten in den Arsch kriechen zu müssen,
kein schwachsinniges „Ich will feiern"-Postulat,
einer durch und durch korrumpierten Spaßgesellschaft.

Ja, all dies wollte ich nie und habe es den Göttern sei Dank auch
nicht.
Ich müsste glücklicher denn je sein,
doch während ich mich an den Formen dieser Oberflächlichkeit
keineswegs ergötzen kann,
weiß ich, dass die Wirbel, Knoten, Fäden im Hintergrund
im Begriff sind, sich aufzulösen,
nur um mir zu zeigen,
dass etwas anderes auf mich wartet,
etwas, das Stimmen verstummen
und Blicke erblinden lässt.

Da ist etwas jenseits von Puzzle, Teppich
und Lebensweise, etwas das viel tiefer liegt
und mit glühenden Augen darauf wartet,
alles Bekannte in Fetzen zu beißen,
damit zum Vorschein kommen kann,
was in den Tiefen einer Seele verborgen ist
und die Grenze von Zivilisation und Wildnis
für immer auszulöschen vermag.

Wenn's draußen finster wird

Wenn's draußen finster wird,
ist's im Inneren umso dunkler,
sind dort schwarze dicke Wolken,
die nimmer endend,
gleichsam gleitend einem toten Stern
Blitze zeugen und Donner schlagen.

So blicke ich hinaus ins stürm'sche Wetter,

sehe kaum mehr die alte Eiche,
die am See, der vor Wochen tief gefroren,
nun in großen Wellen schlägt.

Und doch ist's so,
dass es draußen heller Tag,
wenn drinnen finstre Nacht.

Zerstörung von Identitäten

Mit der Zerstörung von Identitäten
ist ein jeder bemüht, der eine Beziehung
auflösen will.

Ich zerreiße dein Gesicht mit meiner Rasierklinge,
die mir ein gutes halbes Jahr zweimal wöchentlich
zur Seite stand, um diesen elendigen
Wildwuchs in meinem Gesicht auszuradieren.

Dann sehe ich in diesen lächerlichen Foren nach
und sehe Fotos über Fotos,
Selbstbeschreibungen,
Kommentare,
Komplimente,
ein einziges Besäufnis.

Fleischbeschauung,
Marktweiber brüllen ihre Ware an den Mann
und der Hochkultur geschuldet,
übermitteln erwachsene Männer
Fotos von ihren Schwänzen an Frauen,
die tatsächlich noch im Glauben leben,
eine wahre Liebe auf digitalen Wegen zu finden.

Für wahr: Identitäten werden zerstört,

um Beziehungen zu killen,
denn wo kein Gegenüber,
da auch keine Beziehung,
keine Verletzung, kein Wachsen,
nichts,
noch nicht mal man selbst.
Prima.

Und das Besäufnis geht weiter.
Es ist 00:38.

Weibergeschichten

Auf dem Hexentanzplatz verarscht

Deine schwarze Schönheit zog mich an
wie das Licht nur Motten anzieht.
Doch die Motten ziehen auch das Licht an,
so war es bei dir und mit dir.

Zwischen uns war etwas geschehen,
man sah sich und hat sich berührt,
ohne sich nur anzufassen.
Dann waren wir zusammen.

Dann waren wir einsam,
und du hast das Licht gelöscht,
hast verdunkelt deine Kammer
und ich stand im Regen.

„Weiber!", dachte ich,
doch das war kein Trost.
Also rannte ich dir nach,
doch du hast die Glühlampe zerschlagen.

Dann sahen wir uns wieder, hoch über'm Tal.
Ich sah dich, doch du hast hindurchgeschaut durch mich,
hast deinen eigenen Zauber gebrochen und
mich wissen lassen, dass niemals was geschehen war.

Der falsche Mann

Kleine Flugzeuge umschwirrten seinen Kopf,
seine Hände lagen in Marmeladengläsern,
eine Zigarette glomm zwischen seinen Lippen,
vor seinen Augen verdunkelte eine billige Sonnenbrille aus Plastik
den Ausblick in eine Welt, die in Scherben lag
und jeden Moment zu implodieren drohte
oder schon lange explodiert war.

Gegenüber erkannte er nur noch den Abdruck
eines Arsches auf seiner Couch.
Das Leder war eingedrückt und
schlug Wellen in alle Richtungen.
Die, die dort saß, war verschwunden.
Es musste eine „die" gewesen sein,
denn – mal ehrlich – für einen Typen
hätte er nicht diese beschissene Sonnenbrille aufgesetzt.

Da saß er nun.
Unter seinem hölzernen Stuhl,
der durch Kerben, Kratzer und spröden Lack einmalig war,
stapelten sich Dosen, Schnapsflaschen und Bierflaschen.
Ständig lief nur harte Musik.
Und er saß da – einfach so,
die Hände in Marmeladengläsern.

Er war allein,
sicher nicht einsam,

aber allein.

Seine Sonnenbrille war für ihn wie eine 3D-Brille,
mit der er ein- und denselben Film immer und immer wieder
ansah.
Und er rührte sich nicht.
Nur die flache Atmung,
die kaum in den Bauch reichte,
zeigte, dass dieser Mann noch am Leben war.

Er war einfach falsch für den Film.
Deshalb war er auch nur noch Zuschauer
und kein Schauspieler mehr.
Regisseurin, Drehbuchautorin, Schauspielerin und Kamerafrau
haben ihn gefeuert.
Er hat die Kussszenen verkackt,
stellte sich beim Geldeintreiben dumm an,
hat kaum einen hochgekriegt
und hatte einen Hang,
seine Rolle selbst bestimmen zu wollen.
In den Drehpausen trank er ganz gerne,
was die Crew nicht geduldet hat.

Die Dialoge von ihm waren hervorragend.
Deshalb durfte er Zuschauer bleiben
und hatte so seinen Stammplatz.
Deshalb waren seine Hände in Marmeladengläsern,
deshalb rauchte er,
deshalb schwirrten Flugzeuge um seinen Kopf,
deshalb hatte er eine Sonnenbrille auf,
deshalb glomm eine Zigarette zwischen seinen Lippen,

einfach weil er nicht gut
genug für den beschissenen Film war.

Rotes Haar,
schulterlang,
breite Hüfte,
große Möpse,
ein verdorrter Blick zwischen ihren Schläfen,
ein benetzter Schlüpfer in der Hose.

Gebildet, aber verzweifelt,
irgendwie schön,
teuflisch im Innersten.

Sie kam zu mir,
wie eine Maus,
die den Käse unter dem gespannten Bügel gerochen hat.
Dann machte es auch schon klack und die Falle schnappte zu.

Ich weiß nicht,
ob ich Falle, Köder oder beides war.
Sie ließ nicht locker,
rannte mir hinterher,
zerredete sich in wirren Sehnsüchten,
die ihres Todes waren,
legte ihre Haut ab,
nur um ihr Herz spüren zu können.

Dieses sehnte sich nach mir,
doch meines gab es nicht.
Und so sehnte sie sich nach mir,
obwohl ich nie da gewesen bin.

Ihre Sehnsucht, ein Bündel aus Leid und Versagen,
nur darum ging es ihr,
diese arme Närrin,

verloren in sich selbst,
gefestigt im Glauben, jemand könne sie erlösen.

Aber ihre Brüste waren herrlich.
Nennt mich Zyniker,
Misanthrop
oder einfach nur einen Mann,
der weiß, dass alles, was man glaubt,
nicht von Bedeutung ist.

Diese arme Frau irrt weiter,
auf der Suche nach dem nächsten
Funkeln, das sie glaubt zu begehren,
nur um dann wieder enttäuscht die Haut abzuziehen,
um ihr Herz zu spüren.

Die Frau im Regen

Diese Frau hat Klasse,
man sollte sie zur Königin machen,
diese schöne Frau,
die sich im Haar herumspielt,
in einer Welt, in der nur die Loser spielen.

Für sie ist alles schon gewonnen,
und doch hat sich alles verflüchtigt
wie gedimmtes Licht unter der Tür,
doch sie weiß darum und erträgt es.
Sie erduldet und nimmt hin.

Verarscht und auf null zurückgesetzt,
wartet sie auf bess're Zeiten – mit Nachsicht und Liebesmüh'
wie eine Mutter, die ihrem Kind beibringt,
wie man aufs Klo geht.

Für sie steht alles offen, ist alles zu, alles hin
wie eine zerrupfte Tulpe auf einem Misthaufen,
der Brand ihrer Seele muss einst so gewesen sein.

Dabei könnte sie noch einmal hochkommen,
diese Frau, diese Königin,
wie Lebendviehtransporter bebend vor Erregung,
aufstehen wie Jesus vom Kreuz
mit seinen hellen, blauen Augen.

Aufstehen wie Lazarus
und überrascht feststellen,
dass da draußen noch Kerle leben,
die sie nicht im Regen lassen,
sondern sich mit ihr besaufen
bis alles wieder zerbricht
und in tausend Scherben
kein Lichtschimmer mehr zu sehen ist.

Die Frau, die plötzlich weg war

Gestern traf ich eine Frau
in rotem Kleid,
mit blonden Haaren,
stahlblauen Augen
und einem Blick,
als würde ein Bär sie verfolgen
oder
als würde sie Satan finden wollen.

Ich traf sie auf dem Markt.

Die Frau stürmte zum Glockenturm,
zu den kleinen unbedeutenden Läden,
setzte sich in ein Café,

trank was,
sprang auf,
ging zur Straßenbahn,
stieg nicht ein,
ging zum Rathaus,
setzte sich auf die Stufen,
sprang auf und ging zum Bäcker.

So oft sie sich setzte,
so saß sie doch nie.

Ich ließ die letzten Tropfen meines warmen Biers
die Röhre runterlaufen,
stellte die Flasche Bier, die nun keine mehr war,
auf die mit Kaugummi,
Filzstift, Blut und Dreck verzierte Bank
und ging auf diese Frau zu.

Als ich nach ihr griff,
um zu fragen, wie ich helfen könne,
löste sie sich auf und tauchte
an anderer Stelle auf,
dreimal,
viermal,
neunmal.

Es schien,
als würde sie im Kreis gehen,
einen Schatten jagen,
ihren eigenen,
immer hinterher.

Also stellte ich mich mitten in ihre Kreisbahn,
ins Zentrum.
Doch dann war sie verschwunden.

Übrig blieb ein schwarzer Schatten,
genährt aus unendlichen Kreisen,
wie Krähen über dem Fraß.

Die Frau, die ihren Grabstein schrieb

Wir haben uns hier versammelt,
um Abschied zu nehmen von einer
schönen, starken und schlauen Frau.
Sie ist in die Ewigkeit gegangen
und ihre stinkenden Überreste
meißeln ihre letzten Worte in dieses Gedicht.

Sie wollte nirgendwo dazugehören,
noch nicht mal zu ihrem Mann oder ihren Kindern,
sie wollte nur sie selbst sein,
aber in der Nacht
eine andere.
Nun stehen wir hier, um sie zu begraben,
genau hier, zwischen diesen Zeilen.

Die schöne Frau, stark und schlau,
war einfach tot – mausetot.
Während wir sie hier hinablassen in das Reich der Erde,
leben diese Zeilen weiter.

Ihre Seele wird geläutert,
ihr Herz reingewaschen,
während es von Maden und Würmern zerfressen wird.
Die Erde auf ihrem Grab ist gehäuft,
am oberen Ende steht der Grabstein.

Dieser erinnert an die, die hier begraben ist,
an die starren dunklen Augen,

das blasse Gesicht,
die breiten Hüften,
die vollen Brüste,
das Lachen, das Weinen, die Wut, die Hoffnung,
an den runden Arsch,
die zarten Arme und die gut duftenden Haare.

Hier liegt sie mit dem Arsch nach oben,
damit die Welt sie an diesem lecken kann.

Die gierigen Blicke der Frauen

Frauen werfen mir lüsterne Blicke zu,
hier und da krieg ich nen Angebot,
sie sagen, sie wollen kein Tabu,
ich soll bleiben nach dem Abendrot.

Gierig blicken sie zu mir hernieder,
reden mit mir über ihren Scheiß,
ich könnt' mich fühlen wie ein Sieger,
dabei dreh' ich mich nur im Kreis.

Was sehen sie in mir? Ich versteh' es nicht.
Dünste ich was aus, was sie riechen?
Mir steht doch das Wort „Loser" im Gesicht,
gehe nicht aufrecht, sondern kann nur kriechen.

Doch sie lassen nicht locker,
ich bin geneigt, ihnen zu glauben,
sehen sie in mir Dichter, Künstler, Rocker,
aber ich kann es ihnen und mir nicht erlauben.

Sie gehen um die Ecke und sehen einen neuen Typ',
dann bin ich schnell gelöscht und vergessen,
dieser Neue hat sicher ein bessr'es Gemüt,

und ich kann ich sein – stattdessen.

Die perfekte Pussy

Oder: Warum es schwer ist, man selbst zu sein

Flechte sollte sie nicht haben,
Öffnungszeiten am besten wie ein Süßigkeitenladen,
Haare dürfen ruhig vorhanden sein,
nur in der Mitte, bloß nicht am Bein.
Vielleicht ein kleiner Strich oder auch ein Herz,
scheißegal – Rasieren ist Schmerz.

Sie sollte weich sein und nicht zu weit,
Mann hat nur wenig Zeit.
Nicht zu lasch – das wäre auch nicht richtig,
und schön feucht ist wichtig.
Die Pussy sollte glänzen und gut riechen,
nichts sollte aus ihr herniederkriechen.

Und der Rest – der muss auch noch passen:
Sie sollte frei sein und sich gehen lassen.
Ob eng, ob weit, ob groß, ob klein,
ob Haare, trocken oder Schleim,
eine starke Frau sollte sie tragen
die drauf fickt, was and're sagen.

Digitale Weibergeschichten

Das Internet hat alles einfacher gemacht.
Nur schreiben, den Garten umgraben, einen Trink einschütten,
Fluppen rauchen, bumsen, und sich immer wieder fragen,
was der ganze Zirkus soll, hat es nicht vereinfacht.
Letzteres scheint es sogar komplizierter gemacht zu haben.

Irgendwie habe ich ein Händchen für Frauen,

eines, das ich mir abhacken und im Wald nachts
vergraben sollte, dass es nie mehr zu mir zurückfindet.
Dabei suche ich noch nicht einmal nach einer Frau.
Die meisten kommen zu mir
wie Fliegen zum Hundehaufen.
Sie kommen solange, bis nichts mehr von dem Häufchen
auf asphaltglatten Straßen zu sehen ist.
Keine von ihnen kennt mich
und trotzdem wollen sie mir nahe sein
- die eine mehr, die andere weniger.

Dabei gab es nur drei Frauen, die je von Bedeutung für mich
waren:
Die eine hat früh das Weite gesucht,
die zweite kam mit mir zusammen und es hielt eine Weile,
die dritte Frau war eine, die genau wusste, was sie wollte
- und das war nicht ich.

Das Internet ist eine Hölle mit zwei butterweichen Schenkeln.
einem straffen Hintern, vollen Brüsten und einem Hauch von
Scharfsinn.
Und in ihr tummeln sich die knöchernen Hunde mit ihren riesigen
Raffzähnen.
Das sind dann die, die sich bei mir melden,
die krampfhaft Gespräche wollen,
in mir irgendetwas Anziehendes sehen,
aber nicht sehen, dass es nur die eigene Unzulänglichkeit ist.

Solange ich im Internet schreibe, und das werde ich wohl noch
eine Weile tun,
bin ich in der Hölle.
Und solange ich dort bin,
fressen mich die Hunde auf.
Es gibt einfach keine Frau in der Hölle,
die was für mich wäre.

Selbst wenn man 400 km weit weg wohnt,
hält das die Frauen nicht zurück.
Das ist das, was ich dem Internet verdanke.

Die meisten Typen würden sich wohl freuen
- immerhin ziemlich leichte Beute,
aber es hat etwas von Totgeburten.

Drei Frauen

In meinem Leben gibt es nur drei Frauen.

Die erste lernte ich während meines Studiums kennen.
Sie hat mich vom ersten Moment an fasziniert.
Je mehr ich mich um sie bemüht habe,
desto schlimmer habe ich alles gemacht.
Ich bin nie auf sie eingegangen,
sondern habe immer nur die Rolle gesehen,
die sie in meinem Leben hätte einnehmen sollen.
Blumen, Karten, Spaziergänge,
stundenlange Gespräche.
Irgendwann war damit Schluss.

Die zweite Frau lernte ich auch während meines Studiums kennen.
Ich habe sie sogar geheiratet.
Wir haben einen gemeinsamen Sohn.
Ziemlich schnell haben wir zusammengewohnt
und uns eine Zukunft ausgemalt,
die Frieden und Ruhe bringen sollte.
Dann kam alles anders
und ich habe viel zu spät verstanden,
dass es wohl nie unsere Zukunft war.
Also trennten sich unsere Wege.

Die dritte Frau habe ich später kennengelernt.
Es war nur eine kurze Begegnung,
aber ihrer Art nach sonderbar und faszinierend.
Hier bin ich mit der Tür ins Haus gefallen
und habe das Haus einstürzen lassen,
wohl weil ich nicht gesehen habe,
dass nur diese Tür das Haus noch gehalten hat.

Alle diese Frauen sind in meinem Herzen.
So kann ich wohl von mir behaupten:
Ich bin alles, aber sicher nicht monogam.

Du Teufelsweib

„Du drehst dich in Mondeslicht,
deine Konturen sind so fest,
so rund,
du bist wie ein Stern, der zu mir spricht,
ich falle vor dir auf die Knie,
wenn du in der Nacht scheinst,
wenn du mich zu den Göttern führst.

In deinem Bann ertränke ich mich,
schnüre mir die Gurgel zu,
lasse alles Leben los.
Du bist meine Göttin,
du bist mein Licht am Firmament,
du bist die Rose zwischen Hecken,
du bist das Leben,
du bist mein Bann,
du bist der Fluch,
die Heiligkeit."

Sowas schreibe ich, wenn ich nachts an dich denken muss,
wenn ich wieder im Dunkel sitze und weiß, dass du mir so fern

geworden bist.

Dabei gab es dich nie.

Gut, wir fanden uns sympathisch, zueinander hingezogen,

unsere Blicke haben sich gekreuzt,

dann trafen wir uns – ein-, zweimal,

das war's.

Du hast mir eine Zigarette angeboten und ich habe sie geraucht.

Das war's.

Du hast mir dein Herz geschenkt, wenn auch nur kurz;

kürzer als das Rauchen der Zigarette.

Das war's.

Dann trennten sich unsere Wege.

Meine peinlichen Versuche, zu dir vorzudringen, scheiterten.

Absehbar!

Das war's.

Von jetzt auf gleich. Das habe ich bis heute nicht verstanden.

Noch weniger verstehe ich, wieso du in mir verweilst,

obwohl du doch schon längst gegangen bist.

Vielleicht sollte ich dich aufsuchen,

zu dir kommen und nur unsere Blicke sprechen lassen

- wie damals.

Aber so wird es wohl nicht kommen.

Du wärst schon längst hier, wenn du wolltest.

Du Teufelsweib.

Ein komischer Dreier

Er sprang aus dem Fenster des 12. Stocks.

Das war die letzte Rettung, nachdem er eine Frau gebumst hatte.

Sie war älter als er, zehn Jahre oder so,

Mutter, verheiratet, frustriert

und emotional mindestens genauso verrottet wie er selbst.

Da passten sie prima zusammen.

Sie dachte schon an eine gemeinsame Zukunft.

Etwas Neues – irgendwo, Hauptsache mit ihm.

Es gab einen lauten Knall.
Die Tür zur Wohnung sprang auf und ein alter Sack kam herein.
Er war der Kerl, dem die Hörner aufgesetzt wurden.
Ein typischer Prolet. Nichts im Kopf,
hoffnungslos verfangen in seiner kleinen dreckigen Welt.
Er hat absolut nichts verstanden.
Er verstand weder seine Frau noch seine eigenen Gedanken.
Für ihn gab es nur Schwarz oder Weiß, Gut oder Böse.

Der Typ, also der Springer, versteckte sich noch im Schrank.
Die Frau forderte von ihrem Kerl Gehör, endlich solle er ihr
zuhören,
für sie da sein; er sollte sie verstehen, auf sie eingehen.
Sie flehte darum.
Im Schrank dämmerte es dem Typen, was für eine Rolle er hier
hatte:
Er sollte ein Weckruf sein – mehr nicht.
Ihr Mann raffte gar nicht, was sie wollte, warf sich vor den
Fernseher
und lebte so, wie er die letzten 20 oder 30 Jahre schon gelebt
hatte.
Für ihn war eben alles in Ordnung.
Der Typ im Schrank sah das Ende schon kommen.
Die beiden waren zu zweit allein. Jeder in seiner Welt.
Das waren zwei fremde Menschen, die nichts miteinander zu tun
hatten.
Wer konnte es der Frau also übelnehmen, sich das zu suchen,
was sie brauchte?

Irgendwann sagte sie ihm, sie hätte jemanden kennengelernt,
jemanden, bei dem es anders war, der ihr zuhören konnte,
der sie verstand, der nicht nur reinsteckt und rauszieht,
sondern sie tatsächlich berühren konnte.
Ob das wirklich so war, wusste der Typ im Schrank selber nicht.

Der Mann vorm Fernseher sprang auf, war wütend.
Typisch für solche.
Dahinter verbarg sich nur die Angst, seine Gewohnheit zu verlieren,
denn seine Frau, die war noch nie bei ihm,
und es war ganz gewiss niemals seine.

Er verbot ihr den Kontakt zum Typen im Schrank.
Das ist doch wirklich an Sarkasmus nicht zu übertreffen.
Die Frau forderte aber anderes: Um jeden Preis wollte sie ihren Neuen behalten,
egal wie. Sie zückte eine Knarre und sagte: „Entweder lässt du ihn mir oder das mit uns war es."
Der Typ im Schrank wurde gar nicht erst gefragt.
Er hustete nur erschrocken.

Da sprang der Mann zum Schrank, riss die Tür auf und zog den Kerl aufs Bett.
Da lag er in Shorts und mit einem Halbharten.
„Das ist er?", fluchte der Mann und wusste gar nicht, was er mit einem Mann in seinem Bett anfangen sollte.
Die Frau, die weder ihren Mann noch den Neuen verlieren wollte, zog sich aus
und streichelte beide.
Sie saß zwischen den Stühlen, zwischen gewohnter Routine und neuer Abwechslung,
zwischen Hoffnung und Ernüchterung.
Ihr Mann zog sich aus.
Dann lagen sie alle drei im Bett.
Der Mann wollte sich mit dem Neuen anfreunden, ihn akzeptieren, ihn aufnehmen,
seiner Frau zu Liebe oder seinem Wunsch nach dem Verhaftet-sein an alten Routinen.

Es wurde unheimlich um den jungen Typen.

Er war auf einmal mitten in einer kaputten Beziehung,
in der er der Kitt sein sollte.
Die Risse zwischen den beiden waren aber so gigantisch,
man hätte alles einreißen und neu aufbauen müssen.
Aber sie wollten sich nun partout nicht trennen.
Der Typ sollte aber auch nicht gehen.
So kam es zu einem Dreier.

Der junge Spross hätte gewiss die Frau verführt, wäre sie frei
gewesen.
Aber er wollte kein Spielknabe für die Frustration einer Frau sein,
die an eigenen Entscheidungen zugrunde geht.

Es war ein Graus für den jungen Mitspieler,
mitzuerleben, wie da zwei alte Säcke versuchten,
irgendwas festzuhalten, irgendwas zu steuern,
wovon sie selber nichts verstanden hatten,
Hauptsache irgendetwas tun,
sogar aus einer Affäre einen Dreier machen.
Wie verzweifelt mussten die sein?

Also zog sich der Junge an,
mit der Kleidung auch die Verzweiflung der gesamten Wohnung,
öffnete das Fenster,
lachte der Frau zu, nickte zum Mann und sagte:
„Ihr kriegt es nicht hin. Gewöhnt euch an eure Halbarschigkeit."
Dann kletterte er auf das Fensterbrett.
Die Frau riss ihre Augen auf und klammerte sich an ihren Mann.
Der hielt sie fest.
Der Junge winkte noch einmal,
schloss seine Augen und ließ sich fallen.
Es war gar kein richtiger Sprung,
ehr ein Fallen-lassen, ein Gleiten, Rutschen,
Stürzen.
Und wenn sie nicht gestorben sind, dann streiten sie noch heute.

Also, pass auf: Da war diese Kellnerin,
älter als ich, vielleicht acht, zehn Jahre.
Sie bringt mir immer das Bier.
Sie nennt mich „Mäuschen",
meinen Sohn auch.

Ihre Augen weiteten sich jedes Mal,
wenn ich den Stall betrat.
Sie fummelte in ihren Haaren,
machte sich das Kleid zurecht und fragte:
„Wie immer?"

„Ja. Wie immer!"
Was sollte ich sonst sagen?
Sie brachte mir das Bier und nannte mich „Mäuschen",
meinen Sohn auch.

Ihre Blicke konnte sie nicht von mir lassen.
Was sie dachte?
Vielleicht, wie es wäre, es schnell neben der Fritteuse zu treiben,
ganz sicher nicht, wie es wäre, mit meinem Sohn zu spielen.
Dafür war ihr Blick zu starr, ihre Haltung zu einladend.

Also trank ich.
Mein Sohn war mit Pommes gut bedient.
Er bemerkte nichts.

Sie kam oft an unseren Tisch, immer mit der Frage:
„Darf es noch was sein? Du siehst hungrig aus."
„Nein. Danke!"

Sie gab mir die Rechnung, ließ den Zettel nicht los
und schaffte es so, meine Hand für etwa eine Sekunde zu

berühren.
Dabei grinste sie dreckig verschmitzt und fragte wieder:
„Darf es noch was sein?“
„Nein. Danke!“

Was soll ich sagen?
Sie brachte mir eben immer das Bier und nannte mich
„Mäuschen“,
meinen Sohn auch.

Eine schöne Frau

Sie trägt Nagellack,
färbt sich die Haare,
mal sind sie blond, mal rot, manchmal braun,
immer mal anders.
Ihre Wimpern sind langgezogen,
Lidschatten fehlt nicht,
die Augenbrauen gezupft.

Ihre Brüste sind in Spitzen-BHs verpackt,
ihre Pobacken kneifen einen Tanga-Faden,
die Schenkel rasiert,
und das andere sicher auch.

Manchmal treibt sie Sport,
dann will sie am liebsten den Spiegel
in ihrem viel zu kleinen Badezimmer zerschlagen.

Sie putzt sich raus.
So nennt man das,
macht sich schön.

Die Männer glotzen ihr nach,
manche pfeifen,

andere hauen dumme Sprüche raus.

Ja, eine schöne Frau.

Und die Kerle?
Die Bank weg hindurch irgendwelche
weichgespülten Typen,
Machos,
sogenannte Weiberhelden,
Aufreißer,
Klugscheißer,
eingebildete Kinder, die einen Lolli suchen.

Vielleicht fassen sie diese Frau mal an,
berühren können sie sie nicht,
dafür ist sie viel zu schön,
ganz ohne Schminke, Unterwäsche, Rasur
und stundenlanger Selbstfolter vor dem Spiegel
im viel zu kleinen Badezimmer.

Er hatte eine Vorliebe für ältere Frauen

Ein Fliegenfänger für emotional gestörte Frauen,
so bezeichnete er sich gerne.
Und sie fanden regelmäßig zu ihm.
Er musste sie nicht suchen.
Gleiches und Gleiches zieht sich eben an.
Da waren sie also, die Durchgeknallten,
die Verrückten, die, die anders waren.

Und ihm gefielen sie alle, denn jede einzelne,
jede, hatte etwas Besonderes, etwas Einmaliges
- und in das konnte er sich schnell verlieben.
Meistens waren es die Augen.
Verrückte Frauen gucken wunderbar,

haben einen klaren Blick und lassen tief hineinschauen.
Manchmal waren es Grübchen,
die Haare, die Titten, der Arsch oder die Beine,
aber wirklich hingezogen fühlte er sich nur zu jenen,
bei denen er etwas spüren konnte, sowas wie Anziehung.
Alles andere könnte man eh nur in der Pfeife rauchen.

Dann waren es ausgerechnet die älteren Frauen,
die sich zu ihm hingezogen fühlten. Warum auch immer?!
Sie fühlten sich wohl bei ihm, er hörte ihnen zu,
gab ihnen das Gefühl, etwas Besonderes zu sein
und holte sie für kurze, kleine, winzige, fast unbedeutende
Momente
aus ihrem spießigen Alltag heraus mit Kerlen,
die sich Fußballsendungen anschauten oder sich Gedanken
machten,
ob der eigene Sack rasiert werden solle oder nicht.

Irgendwann akzeptierte er das einfach
und fühlte sich auch mit den älteren Frauen sehr wohl.
Sie waren tatsächlich anders und besonders.
Sie hatten das, was man Erfahrung nennt
oder auch Vertrauen.
Sie saßen fest im Sattel.
Das beeindruckte ihn.
Doch viel zu oft, wenn er eine ältere Frau kennenlernte,
musste er sehen, dass die Zahl im Personalausweis
gar keine Rolle spielt.
Es gibt ältere Frauen, die den Geist einer
16-jährigen Jungfrau haben.

Es war ein gewöhnlicher Sommer,
der übliche Wechsel von Sonne, Regen,
Hitze, Kälte,
Wallung und Lethargie,
Nüchternheit und Trunkenheit.

Er saß irgendwo auf einer Bank und fragte sich,
wie es die Menschen nur schaffen würden,
jeden Morgen pünktlich aufzustehen,
um Schotter für andere zu machen.
Das war eine Kernfrage, die unweigerlich zur Kernschmelze führen
würde.
Er liebte sein lockeres Leben:
Rauchen, Trinken, Schreiben,
ab und zu eine Sportwette, hier und da eine Frau,
die meisten waren emotional gestört,
die anderen einfach nur langweilig.

Eine holte ihn aus seiner Meditation,
brachte ihn zu sich nach Hause.
Er ging einfach mit.
Sie war heiß und voller Verrücktheit.
Warum also sitzen bleiben?

Die Wohnung war klein,
fast wie das Terrarium einer Schlange
oder eine Gefängniszelle im Frauenknast.
Wobei der Frauenknast was Erotisches hatte,
das Terrarium aber nur eine Falle war.

Auf einem zerkratzten Tisch lagen Nägel und Hammer.
„Jesus!", dachte sich der Typ. „Was soll das?"
Sie umgarnte ihn – nicht zu viel, geradeso, dass beide an ihren

Abgründen standen.
Sie zeigte ihm ihre Wohnung.
Alle Zimmer – nur eines nicht. Das war verschlossen.
Er wollte auch nicht durchs Loch gucken.
Sie hatte ihre Gründe, es ihm nicht zu zeigen.
Es blieb verschlossen.

Sie stöhnte was von: „Mach es dir gemütlich."
Gesagt, getan: Hose runter, auf die Couch gelümmelt und Kippe
angemacht.
Sie setzte sich zu ihm.
Eines kam zum nächsten.
Irgendwann haben sie gefickt.
Sie ihn.
Er war nur ein Statist, eine Gummipuppe mit imitiertem
Herzschlag.
Das war ihm egal, denn er wollte in dieser Frau sein.

Nachdem sie sich gewaschen hatte,
gab sie ihm Hammer und Nägel,
zeigte auf ein paar Bilder und wollte,
dass er sie an die Wände schlagen würde.
Er tat es. Einfach so.
Beim Einschlagen zitterten seine Hände durch eine Mischung aus
Alkohol, Nervosität und dem Verlangen, es nochmal auf der Couch
zu treiben.
Dann waren alle Bilder an die Wände geschlagen.
Er machte es sich auf der Couch gemütlich.

Doch die Frau kam nicht mehr zu ihm.
Sie blieb in der Mitte des engen Wohnzimmers stehen,
bedankte sich und verwies ihn höflich zur Tür.
Er war gerade dabei, sich die Hose anzuziehen,
da schenkte sie ihm noch einen Blowjob.
Die Kleine hatte es voll drauf.

Sie war eine von denen, die nicht die Eier aussparten.
Es kam über ihn und seine Schenkel zitterten,
als er seine Ladung abgab.

„Du kannst noch bleiben.", meinte sie.
Er war verwirrt. Eben sollte er noch verschwinden.
Also machte er sich noch ein Bier auf und rauchte auf dem Balkon
eine Zigarette.
Der Rauch war so schnell unsichtbar geworden, dass er sich fragte,
ob er wirklich rauchen würde.
Sein Husten erinnerte ihn an die Wirklichkeit.

Dann klopfte es aus dem verschlossenen Zimmer.
Er drehte sich um, hörte es, blickte zu der Frau,
die am Tisch zwischen zwei Stühlen saß.
Dann musste er laut auflachen.
Die Situation war mit Bier einfach nur noch komisch.
Sie schwieg. Es klopfte weiter.
Das Klopfen wurde härter, als wolle jemand die Tür einschlagen.

Da beschloss er, zu gehen.
Die Frau wusste selber nicht, was los war.
Die Bilder waren aber zum Glück an der Wand.
Seine Aufgabe erledigt.

„Ich sollte aufhören, zu trinken.", sagte er im Flur.
Die Frau blieb zwischen den Stühlen sitzen,
aber auch in ihrer Wohnung.
Damit war die Sache klar.
Sie würde nicht mit ihm hinausgehen.
Sie würde dort bleiben, in diesem Terrarium,
dieser Gefängniszelle.
Vielleicht wäre sie gern mitgekommen,
vermutlich aber nicht.
Sie hatte es sich bequem gemacht und nun alle Bilder an den

Wänden.
Sie brauchte ihn nicht mehr.
Vermutlich hat sie sich gar nicht für ihn interessiert.
Sie brauchte nur jemanden, der ihr die Wohnung verschönerte,
solange irgendwas in diesem Zimmer eingesperrt war.

Später saß er wieder auf einer der vielen Bänke,
die inzwischen sowas wie Heimat für ihn geworden waren.
„Fuck!", dachte er.
„Die meisten rennen einem Wecker nach – und ich einem
Weiberarsch,
nur um Bilder anzuschlagen. Nichts unterscheidet mich von den
anderen.
Höchstens, dass ich auf meiner Arbeit rauchen und trinken darf."

Es fehlt an Freiheit

Wenn mich eine Frau fragt,
warum ich keine Beziehung will,
ist das einfach zu klären:
Ich will sie nicht in Ketten legen
und selber will ich auch keinen kalten Stahl am Knöchel haben.
Es geht noch nicht mal um sowas Billiges wie Treue,
sondern nur darum,
dass ich es satt habe,
für andere Menschen eine Rolle zu spielen
und sobald verknackt werde, wenn ich aus der Rolle falle.

Ich will keine Frau nötigen,
meine Bedürfnisse zu stillen,
meine eigenen Löcher
mit den Flicken ihrer Seele zu stopfen.
Umgekehrt gilt dasselbe:
Ich habe keinen Bock,
eine Figur im Schicksalsschach

von Frauen zu sein, die sich irgendwelche Pläne ausdenken.
Dieser wechselseitige Missbrauch,
dieser Viehhandel mit Verlangen,
das ist doch die reinste Folter.

Wenn es aber eine Frau da draußen gibt,
die frei ist und frei bleiben will,
will ich sie gerne treffen,
um sich in Freiheit zu begegnen.
Die wahre Freiheit einer Frau – darauf warte ich,
auch wenn der Preis die Eremitenhöhle ist.

Da es aber meistens nur darauf hinausläuft:
„Wenn du mir das gibst, gebe ich dir das …
gibst du es mir nicht, bin ich enttäuscht",
ist es keiner Rede wert.

Get the girl

Her heart is fire,
her hair is the wind,
she is completely a goddess,
a devil
with a longdrink.

Baby, she has it on it,
she is your death,
your horrible death
from a crappy life.

Shit-awful

heaven,
earth,
human.

So what …

Get the girl!

Ich, der Fliegenfänger

Ich habe ein Muttermahl an meinem Rücken.
Eine Art Leberfleck, ein bisschen wölbt
es sich hervor. Es ist die einzige Stelle,
abgesehen von meiner Leistengegend,
die komisch kribbelt, wenn man sie berührt.
Vielleicht ist es mein On/Off-Schalter.
Oder Standby.
Vielleicht eine Vorstufe zum Krebs,
vielleicht ungefährlich, vielleicht einfach belanglos,
lustig, beängstigend, frustrierend, erhellend.

Ich gehe mit diesem Teil durch mein ganzes Leben.
Selbst wenn ich später in der Kiste liegen werde,
wird es noch bei mir sein.
Vielleicht denkt es sich seinen Teil über mein Leben.
Vielleicht sagt es: „Du armer Teufel. Was treibst du nur?"
Vielleicht weint es, vielleicht lacht es.
Vielleicht will es gestreichelt
oder mutwillig herausgerissen werden.

Es ist da.
Und ich bin es auch.
Es gehört zu mir,
wie ich zu ihm gehöre.
Es gibt noch viele andere Dinge,
die zu mir gehören oder zu denen ich gehöre:
mein Sohn, meine Frau, mein belangloses Schreiben,
meine Vorliebe für Kampfkunst und billige

Pornos, meine Freude an der Natur,
meine Abneigung gegen alles,
was die Masse gutheißt.

Was definitiv nicht zu mir gehört,
sind wahnsinnig gewordene Frauen.
Seltsamer Weise kommen die aber immer wieder zu mir.
Immer wieder.
Mal mehr, mal weniger.
Erst gestern hat mir eine, die ich nicht wirklich kenne,
ihre Liebe gestanden.
Sie geht auf die 40 zu
und laberte was von Seelenverwandtschaft,
Vertrauen, Hingabe und Sex.
Bla, bla, bla.
Ich weiß nicht, was mein Muttermahl sich dabei dachte.
Aber diese Frau, die war komisch
- nicht im Sinne von lustig.

Da war sie also mit 36 Jahren,
großen Titten,
einem dicken Arsch
und laberte was von Selbstvertrauen,
Mut und dass sie sechs Sprachen
fließend sprechen könne.
Mich hätte eh nur das Französisch interessiert.

Soweit kam es aber nicht. Dem Herrn sei Dank.
Ich war versucht,
denn sie hat, wie andere auch,
nicht lange gefackelt,
wollte ein Hotelzimmer anmieten,
mich einladen und ficken.

Ich sage es: Ich ziehe die kaputten Weiber an

wie ein Fliegenfänger diese fetten, hässlichen,
lauten Brummer,
die sich am Fenster sammeln oder
sich meine Salamischeiben schmecken lassen.
Was wollen die nur von mir?

Diese eine muss so einsam sein,
dass sie alles, was ihr fehlt,
in mir zu sehen glaubt.
Ich hätte sie knallen können.
Das war eine Art Freifahrtschein.
Und dann?
Dann wäre das Theater erst richtig losgegangen.

Und das Schlimmste: Mein Muttermahl.
Das hätte sicher wieder gesagt: „Du armer Teufel. Was treibst du
nur?"

Diese Frau, so sagte sie, findet mich toll,
anziehend, intelligent, sexy, heiß,
verehrungswürdig.
Allein das ließ mich aufhorchen,
denn ich kenne mich besser
und ich habe keine Lust auf Diskussionen
mit meinem Muttermahl.

Irgendwann bist du vergessen

Pass auf,
da war diese Frau,
eine echte Schönheit,
natürlich, jung, lächelnd,
sehr gut riechend,
toller Hintern,
witzig,

ein bisschen klug
und mit Grübchen in den Wangen.

Auf den ersten Blick war ich bei ihr,
es beruhte auf Gegenseitigkeit,
also begegneten wir uns nicht nur,
sondern trafen uns auch.
Wir redeten über alles Mögliche.
Ich dachte dabei immer nur daran,
wie es wohl wäre, in ihr zu sein,
wie es sich angefühlt hätte,
eine Nacht nur mit dieser wunderbaren Frau zu teilen.

Es lief perfekt.
Ähnliche Auffassungen von dem, was man Leben nennt,
Gefühle auch prima,
die Idee war gut,
aber die Welt war noch nicht bereit.

Also zog sie weiter.
Seither versuchte ich alles, um sie zu vergessen.
Ich trank mehr, rauchte mehr, schrieb mehr,
traf andere Frauen.
Keine kommt an sie heran.

„Irgendwann bist du vergessen."
Das war meine große Hoffnung,
mein Strohhalm, an dem ich festhielt.
Irgendwann musst du doch weg sein.
Irgendwann. Einfach weg.
Die Zeit sollte es richten.
Einen Scheiß hat sie gerichtet.

Immer wenn ich glaubte, sie wäre fort,
kam sie mit Paukenschlag zurück.

Nachts, im Traum, tagsüber,
bei der Arbeit, beim Trinken,
mit Kumpels. Sie scheint keine Grenzen zu kennen.

Aber sie ist fort – ihr Weg.
Reisende soll man nicht aufhalten.
Ich ließ sie ziehen.
Und nun hockt sie neben mir,
während ich das hier schreibe,
lacht teuflisch laut in meine Ohren
und freut sich daran,
dass sie auf ewig leben wirst,
solange ich von ihr zehre.

Ich kann sie nicht vergessen.
Immer wieder komme ich zu ihr zurück,
immer wieder falle ich auf sie herein.
Vielleicht ergeht es ihr auch so?!

Vielleicht denkt sie schon lange mit keiner Silbe mehr an mich,
vielleicht hat sie mich zum Dämon ihrer Welt berufen,
vielleicht hat sie sich auch nur angelogen,
vielleicht wartet sie auf mich – irgendwo, irgendwann.

Irgendwann aber habe ich sie vergessen,
dann ist sie weg
und ich bin es auch.

It doesn't matter

You hate this woman,
you love her.
You love her right
if you hate her,
if you want to kill her,

if she hates you,
when she attacks you,
when she is somewhere else,
if only you want to be alone.

Yeah,
you love this woman,
this one woman,
the one
that makes you crazy.

Maybe she hates you.
Maybe.
Maybe you're just drunk.
Poisoned.

It doesn't matter.

If you love her,
you are there for her.
Every fucking day of your own torment.
It doesn't matter,
what she returns.
Everything doesn't matter
if you love her.

No romance
no flowers or rings
no love letters
no fucking.

Deep inside
is everything you know.
And with a bit of luck
she's as crazy as you are.

Es ist schon lange her, dass ich in einem Zoo war.
Meistens stand ich dort im Affenhaus
oder freute mich an den Elefanten,
die im viel zu kleinen Gehege ihre Rüssel hoben.
Die Tiger waren auch spannend,
wie sie apathisch immer nur im Kreis liefen.
An den Pinguinen ging ich achtlos vorbei;
nervige kleine Biester, die nur rumwatscheln konnten.

Dann las ich irgendwo, dass Pinguine das leben,
was sich Menschen so sehnlich wünschen:
Sie leben monogam, bilden ein Brutpaar.
Sie bleiben sich treu.
Einmal gefunden, für immer vereint.
Romantisch?
Sicher nicht!
Pinguine kaufen keine Rosen, verschenken keinen Schmuck
oder legen Kuschelrock auf.
Sie tauschen auch keine Ringe
und profitieren auch nicht von der Splittingtabelle.
Sie tun es – einfach so.

Der Mensch glaubt nun, auch monogam leben zu können.
Nur watscheln kann er nicht so gut wie die Pinguine.
Das Monogame schafft er übrigens auch nicht.
„Monogam" heißt nämlich, bei nur einem anderen seiner Art zu
bleiben.
Pinguine können sich aber auch trennen,
meistens, wenn die Brut nicht erfolgreich aufgezogen wird.
Es liegt also an den Kindern.
Ob das alles mit Liebe zusammenhängt?
Der Zoowärter meint zumindest: „Nö."

Der Mensch scheint einfältiger zu sein,
weil er einem Ideal nachrennt, was er
- das ist die Natur eines Ideals –
niemals erreichen kann.
Er zwingt sich in Monogamie.

Lustig ist, die menschlichen Paare im Zoo zu beobachten,
wenn sie in ihrer natürlichen Umwelt miteinander spielen.
Da läuft ein Paar den Kiesweg zu den Schlangen oder zum
Aquarium hoch.
Sie halten Händchen.
Er dreht sich um, weil er eine andere schöne Frau entdeckt hat,
sie streift sich die Haare aus dem Gesicht, weil ein Kerl an ihr
vorbeiläuft,
der sie feucht werden lässt.
So ist das mit menschlicher Monogamie.
Pinguine sind da konsequent.
Einmal Paar, immer Paar.
Die gucken nicht nach anderen.
Sie können zwar ihre Partnerschaft auflösen,
doch meistens nur, wenn einer der Partner krepiert ist
oder zu spät zum Brutplatz kommt.
Kommt er dann doch, wird die alte Bindung erneuert.

Der Mensch?
Um es mit Jesus zu sagen:
„Wer eine andere Frau auch nur lüstern ansieht, hat in seinem
Herzen schon Ehebruch begangen."
Der Gekreuzigte wusste, was die Menschheit leisten kann und was
nicht.
Und er feiert sich köstlich im Himmel,
wie sich Mann und Frau vorheucheln, einander treu zu sein,
während sie andere Menschen „interessant" finden.
Monogamie scheint nicht für den Menschen zu sein.
Schuster, bleib bei deinen Leisten,

Monogamie, bleib bei deinen Pinguinen.

Nachts um zwei ungewollte Schwangerschaften

Seit knapp zwei Stunden versuche ich, zu pennen.
Operation misslungen.
Bis eben stand ich nur in Unterhose vor der Tür
und rauchte.
Ich bin hellwach, habe Hunger
und denke unter dem Vollmond an Frauen,
an dicke, dünne, große, kleine, schlaue,
verrückte, dumme – und die gerissenen.

Wie von selbst kam ich vom Gedanken an gerissene Frauen
auf die Idee gerissener Kondome.
Dazu läuft im Hintergrund Pagan metal.
Abwechselnd frage ich mich, ob es normal ist,
nachts um zwei Gedichte zu schreiben und
wie hoch das Risiko ungewollter Schwangerschaften wohl sein
mag.

„Ungewollt" – was für ein lachhaftes Wort.
Gibt es das überhaupt?
Nachts um zwei?

Inzwischen bin ich wieder drinnen,
die Zigarette war schnell geraucht,
draußen war es kalt.

Aber ungewollte Schwangerschaften sind schon derb.
Wer ist es denn, der nicht will?
Der Mann?
Die Frau?

Beide?
Was, wenn der man nicht will, die Frau es aber unbedingt will?
Was, wenn der Mann unbewusst will, die Frau aber überhaupt
nicht?
Was, wenn beide nicht wollen und es trotzdem passiert?
Die Konsequenzen sind verheerend.
Allein der Gedanke an diese lässt meine Eier schrumpelig werden.
Ein paar Minuten Spaß,
ein ganzes Leben geradestehen.

Nachts um zwei.

Wie kann man sicher sein, dass Schwangerschaften
ausgeschlossen sind?
Vermutlich nur, indem man ganz aufs Vergnügen verzichtet.
Alles andere hat ein Restrisiko.
Ist es das wert?

Ich glaube, Sex ist nur eine Falle.
Es lockt der goldene Kitzler, nein, Köder,
und man sieht nicht das Henkerbeil,
das darüber lüstern schwingt,
allzeit bereit, herabzustürzen
und dir ins Gesicht zu schreien:
„Reingefall'n."

Nachts um zwei,
nur die Unterhose,
eine Zigarette
und wahllose Gedanken zu ungewollten Schwangerschaften.

Noch eine Weibergeschichte

Es war einmal …
So fängt jeder Shit an,

der auf ein gutes Ende zielt.
Die Prinzessin findet ihren Ritter,
der Hans seinen Bohnenstängel
und die böse Hexe ihr Fegefeuer.

Da will nun jeder sein eigenes Märchen haben,
sein eigenes Happy End, seine Erlösung,
seine Befreiung,
endlich angekommen sein.

So auch diese Frau, die mit mir ein Glas Rotwein getrunken hat.
Sie trank den Wein,
ich das Bier und den Schnaps.
Verdutzt sah sie mir zu,
wie ich mich zum Fass machte,
ohne zu torkeln oder Schwachsinn zu reden.

Sie redete mit mir über Gefühle,
über ihre Hoffnung, ihr Verlangen,
ihre liebsten Sexstellungen.
Ich war kurz vorm Einschlafen.

Hellhörig wurde ich, als sie mir von ihrer Abtreibung erzählte.
Abtreibung!
Da bin ich eine konservative Sacknaht.
Für mich ist sowas Mord.
Und nur weil ein Kind gerade nicht ins Konzept passt,
ist das kein Grund für Mord.
Für besagte Frau schon.
Sie litt keine Not.
Sie hätte ihr Kind großziehen können.
Sie wollte es einfach nicht.
Ich war kurz davor,
ihr einen Vortrag zu halten, hielt mich aber zurück.
Sie bestaunte mich,

was mich noch mehr verärgerte.

Dann, irgendwann am Abend, griff sie nach meiner Hand.
Ich wurde zur Salzsäule, denn von ihr wollte ich nicht berührt
werden.
Dann redete sie mir ein, ich sei genauso sehnsüchtig wie sie.
Ich solle es mir einfach eingestehen.

Pech gehabt!
Nichts habe ich eingestanden,
denn mir war definitiv nicht danach.
Sie ließ nicht locker.
Krallte sich an mich
wie an ein Stück Treibholz im Ozean.
Sie wollte schlicht nicht ertrinken.

Hätte sie weniger an sich geglaubt,
hätte sie bemerkt,
dass ich der beschissene Ozean bin,
aus welchem sie so sehr zu entkommen versuchte.

Also ging ich weg,
setzte mich in meine Stube
und wusste einmal mehr:
Mir fehlt eine starke Frau,
denn die bedeutungslosen Weiber,
habe ich lange genug getroffen.
Zeit für eine Frau,
die sich nicht verwirklich will,
die kein „Es war einmal" träumt,
sondern schon verwirklicht ist,
einfach ist
- und in dieser Einfachheit bezaubernd ist.

Er hatte nicht viele Frauen in seinem Leben,
aber auch nicht wenige.
Die meisten, die er traf, rasierten sich
Arme, Beine, Bauch, Gesicht
und auch das Gestrüpp zwischen den Beinen.
Wieso eigentlich?
Ein paar haben sich bizarre Muster rasiert:
Streifen, Herzen und ein Pfeil war auch mal dabei.
Wieso eigentlich?
Denken sie echt, sie hätten besseren Sex als ihre Eltern
oder ihre Großeltern, nur weil sie sich da unten rasieren würden?
Ist das Emanzipation?
Feminismus?
Mode?
Oder nur ein schlechter Scherz?

Ein paar von den rasierten Wundermuschis haben die Rasur nicht
gut vertragen.
Sie hatten dann unzählige Pickel im Intimbereich.
Der Körper signalisiert halt deutlich, wozu er bereit ist und wozu
nicht.
Trotzdem haben sie sich immer ihre Schamhaare rasiert.
Er sah das sicher nicht als Problem des Einzelfalls.
Vielmehr drängte sich ihm die Frage auf: Ist die Gesellschaft
wirklich so sehr daran interessiert, die Frauen zu verschleißen, sie
auszumerzen, zu reduzieren?
Was sollten diese Rasuren?
Er hatte Oralsex mit Frauen – rasiert wie unrasiert.
Es kam niemals auf die Rasur an.

Irgendwann wuchs die Erkenntnis, dass Intimrasuren ein Sinnbild dafür sind, sich nicht so anzunehmen, wie man ist – haarig, manchmal feucht.
Vorbilder liefern die Pornoindustrie.
Wenn das der Weg menschlicher Sexualität ist, würde er entweder alles rammeln, was ihm vor dem Schwanz springt oder in Enthaltsamkeit leben.

Oralsex mit einer Malerin

Es war eine Zeit großer Einsamkeit.
Er fühlte sich darin ganz und gar nicht unwohl.
Überhaupt störten ihn die äußeren Umstände nur selten.
Hatte er mal eine Freundin, ging es ihm gut,
hatte er keine, ging es ihm auch gut.
Hatte er viel Geld, ging es ihm gut,
war er kurz vorm Ruin, ging es ihm auch gut.
Nur wenn er krank war, war seine Laune dahin.
Ansonsten konnte die Welt mit ihm spielen, wie sie wollte.

Und so schickte sie ihm diese Frau,
stattlich gebaut, anregende Gedanken
und ein hohes Maß an Selbstreflexion.
Er war angetan – sogar schon leicht erregt.
Sie malte Bilder – impressionistisch, expressionistisch.
Die meisten verstand er nicht;
Es waren bizarre Gestalten, fast wie Schatten von fantastischen Wesen.
Für sie waren sie aber alles,
so wie seine Romane, Gedichte und Geschichten für ihn.

Sie wollte ihn unbedingt treffen,
so oft wie möglich, am besten täglich.
War er ihr erst nah und dann nicht mehr,
hatte sie Entzugserscheinungen.

Für ihn war es nur eine übertriebene Selbstinszenierung,
unwichtiger Firlefanz einer in Mittelmäßigkeit gefangenen Ehefrau
und Mutter.

Aber es gefiel ihm.
Irgendwann, es war Spätsommer,
kniete sie vor ihm, öffnete den Reißverschluss seiner Jeans,
holte seinen Schwanz raus und fing an, ihn zu lutschen.
„Was soll's?", dachte er.
„Einen guten Blowjob nehme ich noch mit."
Sie zeigte, was sie konnte, und sie konnte wahrlich gut blasen.
Sie zog an seinem Schwanz, als wolle sie Lebenselixier aufsaugen.
Er gab seine Ladung aber nicht ab.

Später begriff er, dass er für sie ein Zufluchtsort war,
eine Insel im Meer der Durchschnittlichkeit.
Sie litt unter ihrem selbstgewählten Leben:
unter dem Einfamilienhaus, unter der Verantwortung für ihre
Kinder,
unter der lieblosen Beziehung zu ihrem Mann. Sie litt darunter,
dass alle sie anders haben wollten, dass sie nirgends richtig war, so
wie sie war.
Dann traf sie ihn und ihre Welt änderte sich.
Darüber malte sie so viele Bilder,
dass ihr ganzes Eigenheim damit verkleidet werden konnte.
Doch im Kern blieb sie die, die sie war.

Und er blieb, der er war,
ein arroganter, selbstverliebter Einfallspinsel.
Er verstand nicht, wieso diese Frau ihn einfach so lieben konnte,
ohne Vorbedingungen, ohne Erwartungen, ohne dass er sie auch
liebte.
Aber sie tat es.
Erst viel später begriff er, dass sein Unverständnis nur darin lag,
dass er nicht annehmen konnte, dass es einen Menschen gab, der

ihn wirklich so annehmen konnte, wie er war.
Er sah in ihr die einsame Malerin, die eine neue Zuflucht suchte.
Deshalb wurde er viel zu früh schlaff und der Oralsex wurde zum aufgeblasenen Coitus interruptus.

Sex mit 13

Sie hat sich für reif gehalten und wollte endlich eine Frau sein,
dabei hätte sie noch mit Puppen spielen sollen
oder Poster ihrer Filmstars im Zimmer aufhängen sollen.
Sie war jung und wollte alt sein.
Also wollte sie endlich Sex haben, endlich dazugehören
zum inneren Kreis derer, die schon lange dazugehören.

Überall reden die Leute über Sex:
entartete Pornofilme, die Sex eindringlich als rein maschinellen
Akt beschreiben,
Werbung für Sexspielzeug, weil menschliche Beziehungen zu
langweilig erscheinen,
verzerrte Romanzen in Spielfilmen, weil Sex inszeniert werden
muss,
lachhafte Vorstellungen von Intimität und Nähe, weil niemand
mehr weiß, was es heißt, sich zu berühren.
Die meisten fassen sich nur an.

Sie war noch ein Kind und wollte dazugehören.
Also wurde sie angefasst
und irgendwer hat sich gefunden, um sie zu ficken.
Vielleicht war er ein Altersgenosse,
wahrscheinlich aber eher ein alter Sack, der drauf stand, es
Kindern zu besorgen.

Das war nun ihr erstes Mal – mit 13.
Sie war aufgeregt, es tat etwas weh,
aber sie zog es durch und durfte sich endlich als Frau fühlen.

Ich muss kotzen, wenn es das ist, was aus Mädchen gemacht wird:
Pervertierte, lustzentrische, gefühllose und verzweifelte Wesen.
Sie war doch erst 13 und sollte immer 13 bleiben.
Aber wenigstens konnte sie nun sagen: „Ich hatte Sex."

Sie hat ihm ein Bier mitgebracht

Er hatte schon einige Frauen getroffen,
einige waren bieder, andere notgeil,
andere hoffnungslos verschossen,
andere arrogant,
und wieder andere einfach nur einsam und erbärmlich
oder verheiratet und frustriert.
Nie hatten ihm diese Frauen ein Bier mitgebracht.

Dann kam sie.
Und sie tat es. Einfach so.
Sie brachte zur Verabredung ein Bier mit.
Da war es für ihn klar:
Diese Frau war nicht wie alle anderen. Sie war besonders.
Diese Frau hatte Klasse,
war cool drauf und wusste, worum es im Leben ging.

Vermutlich war an der Sache gar nichts Besonderes.
Da trafen sich eben ein Mann und eine Frau.
Sie redeten miteinander.
Es regnete ein wenig,
aber die Stimmung war prima.

Dann überreichte sie ihm das Bier,
er öffnete es und trank ein paar Schlucke.
Gemeinsam killten sie die Flasche
und in diesem Moment wollte er ihre Hand halten.

Den Geschmack des Bieres hat er noch auf der Zunge,

das Gefühl der Nähe festumgarnt,
dieses winzig kleine Gefühl,
einen besonderen Menschen getroffen zu haben,
der einfach nur ein Bier mitgebracht hat.

Sie hatte Angst, mit ihm zu schlafen

Es war noch Winter,
der See gefroren
und die Felder und Wiesen mit Schnee bedeckt,
da kam sie ihn besuchen.
Eine tolle Frau:
Selbstbewusst, autonom, etwas zu emanzipiert,
aber sie wusste, was sie wollte und scheute nicht, es zu sagen.

Am Tag waren sie Bekannte,
er zeigte ihr ein paar Sehenswürdigkeiten in der Nähe,
sie gingen Einkaufen,
redeten, philosophierten
und tauschten das aus, was man gemeinhin als Erfahrung
bezeichnet.

Dann wurde es dunkel,
sie sahen in den Fernseher,
in dieses furchtbar manipulative Gerät.
Es lief eine Serie, die er heute noch schaut.
Die Nähe war erregend.
Erst lagen sie Arm an Arm,
kurze Zeit später Arm in Arm.

Mit ein wenig Absicht berührte er ihre Brüste, die noch bekleidet
waren.
Aber sie wölbten die Kleidung soweit vor, dass er unbedingt
anfassen wollte.
Also berührte er sie.

Erst vorsichtig, dann immer fester.
Sie wehrte sich nicht, stöhnte nur leicht seinen Namen.
Das hieß für ihn, dass die Ampel grün war.
Er fing an, zu fummeln, schob die Kleidung hoch,
und da lagen sie, diese wunderbaren, perfekten Brüste.
Es waren herrliche, große, feste Möpse.
Ihre Nippel waren riesig.

Die musste er anfassen.
Er fühlte sich wie ein Kind im Spielzeugladen.
Dann ging es weiter.
Ruckzuck lagen beide nackt auf der flachen Couch.
Ihre Bewegungen passten sich perfekt einander an.

Die Küsse waren weit mehr als nur eine Berührung von Zungen,
sie waren ein sinnlicher, ekstatischer Tanz,
eine Übung, um dem Kosmos näher zu sein.
Sie berührte ihn an seinen Juwelen und sorgte für mächtig Abrieb.

Dann, kurz bevor es richtig zur Sache gehen sollte, flüsterte sie:
„Ich habe Angst, mit dir zu schlafen."
Angst? What the hell? Wirklich Angst?
Aber ok.
Er sah in ihre tiefen Augen, spürte ihre Erregung und akzeptierte.
Sie machten also weiter, er kam zügig zu seinem Höhepunkt
und ergoss sich zwischen ihren wunderbaren, tollen, einzigartigen
und schönen Brüsten.
Angst sollte keine Rolle spielen.
Nachdem sie alles abgetupft hatte,
wusste er, wie man mit Angst umzugehen hatte
und dass jede Grenze, die einem ein anderer setzt, eingehalten
werden sollte,
wenn sie aus dem Innersten gezogen würde.

Sie löschte meine brennenden Haare mit einem Hammer

Das Fass war schon lange übergelaufen,
der Eisberg angepeilt,
keine Rettung in Sicht,
da übergoss ich mich mit Benzin,
was eigentlich in den Rasenmäher gehörte.

Ein Blick von ihr reichte und ich fing Feuer.
Ich merkte es erst, als der quälend-schwarze Gestank
in meine Nase kroch,
mir Tränen in die Augen trieb
und meinen Mund endlos schreien ließ.

Sie zögerte nicht, um mir zu helfen,
griff das Nächstbeste – einen Hammer
und schlug auf mich ein.
Immer und immer wieder,
bis nichts mehr an mir brannte.

Wenn dein Nachbar deine Frau gefickt hat

Wenn dein Nachbar deine Frau gefickt hat,
solltest du deine halbleere Wodkaflasche nehmen,
die Kippe ausdrücken,
und ihm die Flasche auf seinem schmalen Kopf zerschlagen,
dass sich eine märchenhafte Mischung aus
Wodkasuff und Blut herausbildet,
die all das ertränkt,
was in diesem Menschen kaputt ist.

Ja, das solltest du.
Dann solltest du aber
auch den Arsch in der Hose haben,
seine Frau zu knallen.
Am besten betrunken.

Du siehst: Es ist eine kaputte Welt,
eine Welt ohne Liebe,
ohne Verstand,
einfach ohne Herz.

Und dann fragst du mich,
wieso ich die Wodkaflasche lieber leertrinke,
als sie anderen über den Schädel zu ziehen?
Ganz einfach:
Ich will nicht sein wie diese
Loser, die es noch nicht mal schaffen,
ihrer Frau aufmerksam zuzuhören,
einfach weil sie ihnen egal ist.

Wie viele schlafen nebeneinander ein, ohne sich zu lieben?
Wie viele lieben sich, ohne nebeneinander einzuschlafen?

Und du fragst mich nur nach dem Wodka?
Ich frag dich nach deinen Nachbarn,
nach deiner Frau, deinem Mann,
deinen Kindern.
Ist das wirklich Liebe?
Warte nicht, bis du drauf und dran bist,
mit der halbleeren Flasche loszuziehen,
um irgendeine Zukunft auszuleben.

Wenn Frauen stinken, und Männer noch viel mehr

Irgendwann hat mir ein Kumpel, es war in der Pubertät,
einen Witz erzählt, den ich bis heute nicht komisch finde:
„Kommt ein Blinder in einen Fischladen und sagt: ‚Hallo Mädels'."
Damals hatte ich keine Ahnung, was das bedeuten soll.
Inzwischen weiß ich es.
Ich trinke auf diesen alten Schulfreund, der mir damals

eine Wahrheit offenbarte, die ich erst heute zu schätzen weiß.

Frauen stinken, und Männer noch viel mehr.

Nicht nur die Geschlechtsteile, die ein wunderbarer Anblick purer
Weiblichkeit sind.
Sie stinken, weil sie weder warm noch kalt sind,
weil sie einem Mann das Leben dergestalt schwer machen,
dass er sich nur zurückziehen kann,
um in seinen eigenen Ausdünstungen leben zu können.

Da war mal dieser Typ, verheiratet, mit einem Kind,
in Trennung lebend. Soweit so gut.
Er baut ein Haus aus als Familiennest.
Irgendwann heißt es dann von der anderen Seite:
„Scheiße! Worauf hab ich mich nur eingelassen.
Nee. Fick dich. Das mach ich doch nicht mit."

Dann saß er da. Alleine.
In einem halbfertigen Haus mitten im Nirgendwo.
Mitten im Nirgendwo.
Und er stank.
Er stank wie eine Müllhalde,
wie ein Schnapsladen
und wie ein Fisch, den man gerade ausgenommen hatte.
Er stank.
Niemand roch es.
Niemand wird ihn riechen,
denn keiner kommt zu ihm.

Da ist er. Da bleibt er.
Unsicher.
Was soll's?
Wohin?
Bleiben?

Fort?
Hin und her?

Je mehr er sich bewegt, desto mehr stinkt er.
Desto mehr verzweifelt er.
Desto mehr glaubt er.
Desto mehr weiß er weniger.

Er stinkt.

Er wäscht sich und er stinkt.
Frauen stinken auch.

Frust auf Frauen?
Niemals! Diese wunderbaren Geschöpfe sind niemals zu
verachten,
auch wenn er schon kurz davor stand.
Dann seine Mutter.
Irgendwann war sie wieder da.
Sie stinkt.

Alle Menschen stinken.
Nur er, er riecht sich allein.
Braucht nicht den Gestank der anderen.
Und deshalb: Bleibt er nur allein.

Bierbauch und Schnapsnase

Ich versuchte, irgendetwas zu schreiben.
Dabei hatte ich keinerlei Bedeutung.
Meistens tippte ich wie ein Computer,
erarbeitete nach Algorithmen
Zeitschriftenartikel, Sachbücher,
Webtexte oder Fachtexte für andere Leute.

Daniel starrte nur in den Fernseher.
Auch er hatte gar keine Bedeutung.
Aber er war besser dran als ich.
Er konnte nahezu perfekt in die Röhre glotzen
und nach Belieben zwischen Fernsehsendungen
und Computeroberfläche hin- und herwechseln.
Außerdem verdiente er viel mehr Geld als ich,
hatte eine dysfunktionale Beziehung zu einer schönen Frau,
aber immerhin hatte er eine,
und er lebte in einer großen Wohnung.

Daniel und ich tranken zusammen.
Meistens gab es Bier.
Ich griff nach ein paar Flaschen lieber zu
Kräuterschnaps oder Whiskey.
Wir machten unser Ding.
Ich schrieb,
er glotzte,
und wir tranken.

Er hatte keine sonderlichen Interessen,
ein typischer Arbeiter:
Früh aufstehen, ackern in einem Industriebetrieb,
essen, trinken, Frauengeschichten

und sich aller paar Jahre über ein neues Auto freuen.
In seiner Wohnung hatten Vögel ein eigenes Zimmer.
Bizarr.
Aber auch rührselig,
drückten sie doch die Sehnsucht aus,
etwas Lebendiges bei sich zu haben,
etwas, was der Fürsorge bedarf,
der Hingabe,
der Liebe.
Trotzdem seltsam!

Sein Fernseher war groß
und am liebsten spielte er Diablo III
oder andere Spiele,
wo es darum ging, Helden zu schaffen.
Meistens saß ich daneben und trank schon mal,
während er noch spielte.
Mir gefiel seine Konzentration bei den Spielen,
auch wenn ich selbst diese ganzen Spiele verabscheute.
Mir gefielen auch seine regelmäßigen Wutausbrüche,
wenn er verreckte und neu laden musste.
Ich fühlte mich wohl bei ihm und seinen Eigenheiten.

Meistens war ich abends oder nachts bei ihm
und trank.
Dann fuhr ich ab.
Tagsüber saß ich bei mir, trank weiter
und schrieb,
während Daniel auf Schicht war.

Es war aufregend,
obwohl alles so durch und durch langweilig war,
obwohl wir es zu nichts gebracht hatten
und nicht weit vom Grab entfernt waren.
Früher haben wir wenigstens noch Fußball gespielt.

Irgendwann saßen wir nur noch in Unterwäsche da,
die Beine auf den Tisch gelegt.
Er hatte viele Haare auf dem Wanst,
doch die konnten nicht darüber täuschen,
was darunter lag:
eine wohlgeformte, schwabbelige Kugel.
Bei mir zeigte sich ein Ballon.
Wir lachten drüber und tranken weiter.

Nachts spielten wir Karten und hörten Musik.
Ich stand auf Metal und Hardrock,
er auf die Klassiker der Rockgeschichte.
Wir wechselten uns mit den Liedern ab.
So hatte jeder, was er brauchte.
Er ging in Musik richtig auf,
konnte nahezu alle Lieder mitsingen.
Das verstand ich,
aber ich konnte sowas nicht.

Irgendwann wollte er eines meiner Bücher lesen.
Er wollte es extra kaufen, damit ich was davon hätte.
Habe ihm ein Belegexemplar geschenkt,
denn von einem Buchverkauf hatte ich als sogenannter
Underground-Autor nichts.
Diese Bezeichnung hatte ein Verlag für mich;
der, der den Großteil der Einnahmen behalten hatte.

Er las aus meinem Buch und verfiel regelmäßig in Lachkrämpfe.
Daniel fand es gut und er sah in der Geschichte nur mich.
Ich trank, während er las.
Ein paar Wochen später lag das Buch in seiner Wohnung
- nicht fertig gelesen;
vermutlich ist es langweilig geworden, nachdem die Inhalte
tiefer und weniger lustig geworden sind.

Es landete nicht in der Mülltonne.
Es lag da – einfach so.
Mir war es egal, ob es dort lag, in der Tonne, im Bett oder im Auto.
Ich mochte Daniel und habe seit ihm keinen anderen getroffen,
den ich so sehr mochte.

Dabei hätte ich es verdient,
hätte er mir in den Arsch getreten.
Ich habe ihn jahrelang links liegen lassen.
Vielleicht weil ich selber genug Probleme hatte,
vielleicht aus Ignoranz, Neid oder einer Mischung aus allem.
Aber da saßen wir nun wieder
- zusammen
- trinkend
und er las mein Buch,
während ich zusah.
Dann lag es nur noch da.

Es war herzzerreißend,
dass wir uns einander nicht verloren hatten,
dass wir in verschiedenen Welten lebten
und doch zueinander fanden.

Daniel, für andere habe ich nicht viel übrig,
für die meisten deiner Lebensinhalte auch nicht,
aber Scheiße,
wenn du jetzt vorbeikommen würdest,
könntest du hier pennen – im Bett oder auf der Couch,
wir würden trinken,
Musik hören, Karten spielen
und über Gott und Teufel reden.

Das ist nicht viel,
aber alles, was wichtig ist.

Ich hatte ein Haustier;
weder Hund noch Katze oder Kaninchen.
Es war eine Ratte.
Sie war fett, hatte einen langen Schwanz
und konnte hier im Haus herumlaufen,
wie sie wollte.

Irgendwann entdeckte sie die Haustür.
Seitdem lag sie fast nur noch vor dieser Tür,
und für mich war es schwer, mein Haus zu verlassen.
Jedes Mal, wenn ich die Tür nur einen Spalt öffnete,
war die Ratte zwischen meinen Beinen und wollte raus.

Ich dachte mir: Fuck, was willst du da draußen nur?
Dort gibt es nichts für dich,
hier drinnen hast du wenigstens dein Essen,
ein Obdach und du kannst dich auf zwei Geschossen
austoben, wie dir lustig ist.
Du musst nicht raus.
Draußen ist's gefährlich:
Katzen, Autos, Hunde, Menschen.
Bleib lieber drinnen.
Ich aber wollte hinaus, immer wieder.

Irgendwann war es die Ratte,
die ein- und ausgegangen ist
und ich redete mir ein:
Bleib lieber drinnen;
draußen ist's gefährlich:
Katzen, Autos, Hunde, Menschen.
Die Ratte kam immer wieder.

Es war ein brutal kalter Winter.
Eigentlich hätten keine Blumen blühen dürfen,
aber die künstliche Welt, in der wir tagein, tagaus ums Überleben kämpfen,
ermöglichte ein paar gelben, roten, lila und blauen Blumen das Leben.
Ein Mann stand im Laden.
Ein anderer trat ein.
Er kam durchs Fenster und gleichzeitig durch die Tür.
Er raffte erst die Kassiererin weg,
die ging zu Boden wie ein Basketball, dem die Luft herausgepresst wurde,
dann senste er die Blumen ab.
Die fielen so lautlos zu Boden, dass es wie etwas ganz Gewöhnliches wirkte.
Kein Kampf, kein Widerstand, einfach zack … und ab.

Dann fegte der Mann mit der Sense vor die Tür.
Dort raffte er ein Kind von der Straße weg,
auf dem Markt griff er nach den jungen Männern,
in den Läden und Palästen nach den Frauen.
Sie alle lagen nun herum wie Dünger auf dem Acker,
wie Abfall auf einer Deponie.
Sie waren nur noch Garben hinter dem Schnitter,
niemand sammelte sie auf.
Der Mann im Blumenladen sah dem Schnitter zu,
der sein Werk verrichtete wie ein Samurai, der
angetrieben von Ehre, Demut und Entschlossenheit,
das Schlachtfeld errang.
Dann sah er die Blumen, die abgeschlagen vor ihm lagen.
Noch waren sie schön, reich an Farben, lieblich und süß.
Das Leben aber ist nicht süß,
deshalb wollen alle Süßes haben.

Deshalb lassen wir im Winter Blumen blühen
und deshalb fürchten wir den Schnitter.
Er nimmt uns das Süße, das Gewohnte und lässt uns kalt, starr und
ohne jeden Sinn versauern.

Jeder will dich bezwingen

An jeder Ecke stehen sie,
diese Menschen,
mit ihren Meinungen, Vorstellungen,
Erfahrungen, mit ihren Gefühlen,
Denkweisen, Werten und Zielen.
Überall sind sie verteilt.
Und sie können es nur selten lassen,
dich mit ihrem Scheiß in Ruhe zu lassen.
Immer haben sie irgendeine Floskel parat:
Rauche nicht!
Trink nicht!
Fahr nicht zu schnell!
Such dir nen anständigen Job.
Sogar: Geh wieder in die Kirche;
oder: höre auf deine innere Stimme.
Es ist immer dasselbe.
Die Apostel predigen von ihren Kanzeln
und blicken auf dich herab,
glauben in einer überlegenen Position zu sein;
dabei merken sie gar nicht,
wie ich bemüht bin, ihre Kanzel zu zerschlagen,
damit wir wenigstens einmal auf Augenhöhe stehen.
Sie wollen dich bezwingen so wie die Säufer,
die einen noch zum Saufen anheizen,
nur weil du beschlossen hast, damit aufzuhören.

Kleine Bestien sitzen im Schlüpfer,
Hubschrauber kreisen über dem viel zu warmen Bier,
die Hand meiner Neuen klemmt zwischen Hose und Bauch,
und hinter der Fassade bröckeln Putz und Mörtel durch das
morsche Mauerwerk.

Im Schrank hängt eine Leiche, eine Totgeburt.
Man hat sie vergessen, als die Freiheit meine Bude durchsucht hat.
Unter den Holzdielen tanzt der Teufel zu Rockmusik
und in der Decke schnappen Engel nach Luft.

Es fällt schwer, hier zu sein – in all dem Chaos.
Man braucht entweder genug Alkohol oder falsche Ideale.
Letztere führen zu Entzugserscheinungen,
will man ihnen die Treue mal verweigern.

„Ich nehme die Pille.", flüstert sie mir ins Ohr.
Bei Nacht sind die Schatten der larvenhaften Kreaturen doppelt so
groß.
Die Spinnen unter meinem Bett ersticken Gedanken wie
berauschte Killer, die die Todesblicke ihrer Opfer einzufangen
suchen.

„Ich hab es voll drauf.", flüstert sie mir ins Ohr.
Die Nächte sind schlimm, sehr schlimm, will man seine Ruhe
haben.
Ich betäube mich, schreibe, trinke, denke,
schlafe ... irgendwann.

Am Morgen, vor dem Frühstück: „Lass es uns tun."
Überall lauern Adler auf die viel zu schwache Beute,
die aus Kellerfenstern oder zertrümmerten Eingängen flüchtet.
Es riecht nach Schwefel und alle Adler sind blind.

Sie will frei sein und tut doch alles, um es nicht zu sein.
Sie fährt einen Porsche, einen schwarzen,
heiße Kiste – aber Männerspielzeug.
Das ist die Befreiung, die ewige Sklaverei.
Sie war so kurz davor.

Ich lebe schon viel zu lange hier.
Es wird Zeit, zu verschwinden.
Meine Neue darf mit – sollte sie entscheiden.
Es ist ihre Freiheit, ihre hart erkämpfte Freiheit.
Ob ihre Hand dann noch immer in meiner Hose ist,
ist meine Freiheit – unsere.

Wie du eine Frau richtig verführst

Neulich fand ich im Internet so viele Artikel, dass ich gar nicht
mehr weiß, wonach ich eigentlich gesucht hatte. Abartige Texte! Nicht
nur miserabel geschrieben, sondern auch inhaltlich nur mit einem
Schuss im Kaffee zu ertragen.

Flirttipps,
Anmachsprüche,
Tipps, wie man eine Frau ins eigene Bett zerren kann,
Hinweise zum ersten Date,
Ratschläge, wie man andere manipuliert.
Klasse!
Und da wundern sie sich, wenn ich sage, dass ich mit Menschen
nicht viel zu tun haben möchte.

Wer will allen Ernstes eine Frau verführen?
Wollen Frauen sich verführen lassen?
Diese Welt ist ein Irrenhaus
und mir macht es Spaß,
die Menschen in freier Wildbahn zu beobachten,

wie sie sich rausputzen,
wie sie versuchen, etwas darzustellen,
wie sie sich abraggern, anderen zu gefallen.

Gäbe es einen Zoo für Menschen, müssten alle in ein einziges großes Gehege und ich würde eine Dauerkarte für den Eintritt kaufen.

So viele Binsenweisheiten zum Umgang mit Frauen.
Das ist so dreckig, dass ich kotzen möchte.

Wenn du einer Frau begegnest und sie mit Lug und Trug an dich kettest,
bleiben irgendwann nur drei Möglichkeiten.
1. Sie erkennt das Theater und will dich deswegen vögeln. Klasse: Ihr habt euch verdient.
2. Sie erkennt das Theater und hat genug Arsch in der Hose, zu sagen: „Verpiss dich."
3. Sie erkennt das Theater nicht. Glückwunsch! Du hast durch einen Fake das erhalten, was du wolltest. Arme Frau!

Option 3 ist der Hammer! Konfuzius wusste schon: „Was du durch Kampf erhältst, kannst du nur durch Kampf behalten."

Irgendwann platzt die Seifenblase. Der große Knall.

Ich wäre zu gern dabei, wenn die narzisstischen Tendenzen offenkundig werden und sich beide fragen, wen sie da überhaupt haben.

Und da ist ein Grundproblem: Das Haben.
Ich werde nächste Woche in einen Zoo gehen und die Tiere im Streichelzoo füttern.
Vermutlich alleine,
gewiss aber nicht einsam.

Ach ja

An der Schwelle zu Weltkrieg Nummer 3,
mein Klo ist verstopft,
die Wirtschaftskrise schon Normalität,
ach ja.

Ach ja?
Ach ja!

Ich verkaufe mein Haus,
kümmere mich nicht mehr um den Garten,
überall krepieren Menschen durch andere,
ach ja.

Ich weiß nicht wohin,
andere wissen es und können nicht,
ich habe keine Gardinen,
ach ja.

Ach ja?
Ach ja!

Rauch ist ungesund,
Trinken auch,
das Leben stirbt sich so oder so,
ach ja.

Ich wäre gern Pirat,
bin aber was anderes,
Pizza macht dick und
Menschen sind fehlprogrammierte Tiere,
ach ja.

Ach ja?
Ach ja!

Meiner Tastatur fehlen die Buchstabensymbole
und im Regenwald vernichten wir unsere Erde,
ich fahre nen alten Benz, der Lack ist schön,
ach ja.

Ich wäre gern bei einer Frau,
in ein paar Jahren sind unsere Meere mit Plastik überfüllt,
Endlagerfrage noch immer nicht gelöst,
ach ja.

Außerdem ist die Versicherung zu teuer

Ein zutiefst sadistischer Gott hat mir ein Haus geschenkt,
mein Traumhaus,
inzwischen ein Alptraumhaus.
Auf den Stufen neben mir grinst mich Satan breit an und sagt:
„Siehst du. Ich hab's ja gesagt."

„Scheißdrauf" dachte ich und wollte ihm nicht zuhören.
Die Wände hier sind dünn, die Böden alt.
Nachts kriechen die Mäuse zu mir,
weil sie den schwefligen Gestank nicht abkönnen.
Gardinen gibt es keine – auch keinen TV-Anschluss.

An den Wänden krabbeln kleine Monster kreuz und quer.
In der Wanne leben Spinnen,
ein Marder kommt fast jede Nacht hierher.

Es fällt schwer, hier zu wohnen – hier drinnen.
Sehr schwer.

Die Nächte im Winter sind hart.
Vergisst man die Kohlen in den Ofen zu legen,
ist man morgens tot, wenn man in der Nacht nicht schon
an Einsamkeit krepiert ist.

Jeder Gedanke wird erdrosselt,
wenn man das Holz für den nächsten Winter hacken muss.
Ich betäube mich, um wenigstens ein bisschen den Rhythmus
des natürlichen Lebens einhalten zu können.

Am Nachmittag sehe ich,
wie alle um mich herum von der Arbeit kommen,
wie sie gemeinsam kaffeetrinken und reden.

Mancher geht an meinem Haus vorbei,
schüttelt den Kopf und geht weiter.
Überall sitzen Höllenhunde, auf dem Dach,
im Garten, auf der Straße, im Keller.
Sie lieben den Schwefel. Es ist ermüdend.

Leute besuchen mich, setzen sich auf meine Stühle,
sie reden mit mir und ich sehe sie alle,
die Ungeziefer, die mal gelb, mal grün, mal golden, mal lila,
herumtanzen und von ihnen niemals abgeklopft werden.

Ich wohne viel zu lange hier. Es wird Zeit für Neues.
Ich verschwinde am besten in eine Stadt. Es heißt,
dort sei alles moderner und lebendiger.
Vielleicht stimmt das. In einer Stadt sollen Milch und Honig
fließen.
Es gibt schnelles Internet und noch mehr Kunststoff.

Jedenfalls: Hier kann ich nicht länger bleiben.

Burger sind ungesund

Es war in meiner Heimatstadt,
als es zwischen Straßenbahnschienen,
einem Modehaus
und einer Kulturinsel noch ein Fast Food Restaurant gegeben hat.

Ich ging dort ein und aus.
Die Burger kosteten mich meistens nur einen Euro.
Ich aß meistens fünf bis sechs.
Dazu ne kalte Cola.

Ein Penner saß ganz in der Nähe.
Ich weiß nicht, ob es Mitleid, Selbstdarstellung
oder einfach nur der Wunsch war,
für dieses arme Würstchen da zu sein.

Ich kaufte einen Burger mehr,
ging zu dem Penner und reichte ihn hin.
Er lachte mich keck an und meinte:
„Lass mal. Sowas esse ich nicht.
Das ist doch ungesund.
Du solltest es auch nicht essen."

Dauerzufriedenheitswahn

Sie schlürfen durch Straßen, Wohnungen,
Büros, Anlagen, Bars, Discos, durch Bahnunterführungen,
über Bahngleise, unter Brücken hindurch und zu ihren winzigen
Stadtoasen
oder ihren größeren auf Krediten stehenden Landhäusern.
Sie lachen.
Sie lachen mich an, sie lachen untereinander.
Sie lachen sogar in ihr Spiegelbild.
Vielleicht lachen sie auch wenn sie schlafen?
Sie wollen zufrieden sein,

vielleicht sind sie es,
doch man muss nur genau hinsehen.

Es dauert nicht lange, manchmal nicht mal fünf Minuten,
dann offenbaren sie hinter ihren Masken
Unruhe, Wut, Gereiztheit, Schlaflosigkeit,
Zerwürfnisse, Zweifel, Depression.

Und trotzdem: Sie geben vor, dass sie glücklich sind.
Jeden Tag aufs Neue.
Und wenn es mal nicht so läuft,
predigen sogenannte Coaches ihren
10-Schritte-mach-dich-frei-Hippie-Mist:
„Finde dich selbst."
„Las los, was dich runterzieht."
„Erfolg hat, wer Erfolg ausstrahlt."

Kann es Schlimmeres geben?
Statt das Schwarze, den Kummer, die Sorgen, die Plagen,
die Trauer, die Wut, den Frust, den Hass zuzulassen,
wird darüber hinweggepinselt wie bei einem Gebrauchtwagen
über die rostigen Stellen.
Wer unglücklich ist, gilt als Ausstoßware, als krank, nicht normal.
Deshalb grinsen die meisten
in ihrem Dauerzufriedenheitswahn.
Wäre die Welt ein Irrenhaus,
dann wären die Säufer, Raucher, die Fluchenden, die Weinenden,
die Schreienden die Gesunden
- die Kranken wären die, die sich Masken mit Hasengesichtern
malen, aufsetzen und in der Hoffnung leben, niemand möge sie
abnehmen.

Ein schlauer Kopf hat mal gesagt:
„Wahnsinn ist, wenn man immer dasselbe tut und stets andere Ergebnisse erhofft."
Irgendwie sind wir alle dem Wahnsinn verfallen.
Wir wurden programmiert und laufen tagein, tagaus dieselben Programme durch.
Es ist immer dasselbe. Nichts ändert sich.

Man hat sich an die Sorgen gewöhnt, an das Leid, an die Hoffnungen und die winzigen Augenblicke des Vergnügens. Man sollte nicht von Freude sprechen.
Es ist immer dasselbe.
Und es ist bequem. Immerhin kennt man schon das ganze Skript - vom Anus bis zur Zunge.

Es hat schon was von Robotern, wäre da nicht immer der Wunsch, dass es endlich anders sein möge.
Doch auch das ist nur ein Programm und wir fahren es früh hoch, abends läuft es auf Standby. Es ist niemals aus.
Ist das nicht irre?

Man lässt sich auf Arschlöcher ein, man kennt das Ende,
man kennt die Höhepunkte, die Tiefen und alles, was sonst dazugehört,
es ist so offensichtlich
- und trotzdem macht man weiter.
Wir wollen weitermachen.
Es ist immer dasselbe.

Wahnsinn ist es, immer dasselbe zu tun, in der Hoffnung, endlich was anderes dafür zu bekommen.
Wahnsinn ist es auch, das Ganze zu beobachten und nur noch darüber lachen zu können. Auch das ist immer dasselbe.

Selbst wenn man glaubt, etwas anderes zu tun,
ist das nichts weiter als ein Programmupdate.
Nichts hat sich verändert. Gar nichts.
Wie kindisch, wenn man doch im Kreis läuft,
in der Hoffnung, endlich irgendwo anzukommen.
Närrisch die Vorstellung, man könne irgendwas oder
irgendjemanden ändern.
Niemand kann aus einem Schwein einen Adler machen
oder aus einer überfluteten Kleinstadt eine trockene Wüste.
Es ist also immer dasselbe.
Wozu dann noch die Mühe?
Wir können uns auch einfach zurücklehnen und uns selbst dabei
beobachten,
wie wir uns lächerlich machen.
Das ist das ganz große Kino.

Der Mensch, ein Gewohnheitstier

Der Mensch ist anpassungsfähig, sehr sogar.
Vermutlich ist er anpassungsfähig wie kein anderes Säugetier.
Er gewöhnt sich daran, irgendeinen Gott anzubeten.
Er gewöhnt es sich an, zu arbeiten.
Er gewöhnt sich an Arbeitslosigkeit.
Er gewöhnt sich an Beziehungen, die ihm nicht gut tun
und an Beziehungen, die ihm gut tun.
Er gewöhnt sich dran, mit Krücken zu gehen.
Er gewöhnt es sich an, Geld auszugeben oder es zu sparen.
Er gewöhnt sich an jeden verflixten Scheiß,
der in seinem Leben passiert.

Sogar an Unzufriedenheit oder Wut gewöhnt er sich.
Er gewöhnt sich an das Gewohnte wie an das Ungewohnte.
Gerade Letzteres zwingt ihm Energie ab,
weshalb er lieber beim Gewohnten bleibt.

Dann schimpft er über das Gewohnte,
ändert aber nichts
- auch das ist Gewöhnung.

Und wenn er was ändert,
gewöhnt er sich an das Geänderte und bleibt, da er mit
Zufriedenheit überfordert ist,
der Unzufriedenheit treu, so dass er sich wieder nach etwas sehnt,
an was er sich gewöhnen kann.
Das geht so bis er vor der Kiste steht
- an die war noch keiner gewöhnt.
Dann lässt man ihn hinab oder verfackelt ihn.
Vielleicht hat er sich dann doch schneller dran gewöhnt als ihm
lieb war.
Er ist ein Gewöhnungstier.

Serviere ihm was, versprich ihm was – er gewöhnt sich dran,
sogar an banale Wörter ohne Bedeutung gewöhnt er sich.
Er gewöhnt sich an Weltbilder, Menschen, Arbeit, Gesundheit,
Krankheit,
Alter und Umwelt.
Das klingt alles soweit so gut.
Schlimm wird es erst, wenn die Unzufriedenheit anklopft
und das Gewohnte verlassen will;
dann hat er Chance und Risiko. Was für ein Aufwand.

Er gewöhnt sich an Alkohol, an Zigaretten, Tee, Kaffee
oder peinliche Fressvorschriften.
Das ist so trivial, dass alles nur auf Gewöhnung ruht.
Sogar das Sitzen und Schlafen ist Gewöhnung.
Da ist nichts Lebendiges, nichts, was ihn fortreißt,
was ihn in einen ungebändigten Strom zieht,
in welchem er erkennt, dass Gewöhnung nicht Leben ist,
sondern nur das vermenschlichte Stöckchenholen eines Hundes,
der es gewöhnt ist, belohnt zu werden.

Darauf läuft es doch hinaus:
Belohnung und Bestrafung – an beides ist man gewöhnt.

Man hat sich an die eigenen Gedanken gewöhnt.
Das ist das Schlimme,
denn diese Gedanken fahren an der Wirklichkeit vorbei.
Man sieht nur das, was man eh schon kennt,
eben weil man sich dran gewöhnt hat.
Wahrlich gesegnet sind jene, die sich an nichts gewöhnen wollen
oder können,
die jederzeit bereit zum Aufbruch sind, die losgehen, ohne zu
fragen.
Aber auch das ist nur Gewöhnung.
Es gibt also keinen Ausweg, keinen Segen.
Wir sind was wir bleiben: dressierte Tiere im Terrarium der Götter.

Du und deine Tretmühle

Eines der schlimmsten Dinge im Leben ist es,
nachts im Bett zu liegen mit einer Frau, die
du nicht mehr poppen willst.

Sie werden alt, verlieren ihr Feuer,
werden zahm und schnarchen vielleicht schon.
Da liegst du nun im Bett und berührst aus Versehen ihren Po,
schauderhaft.

Die Nacht ist draußen, hinter der Gardine, hinterm Fenster.
Aber du und sie – ihr sperrt euch zusammen.
Ihr schaufelt gemeinsam euer Grab.

Am Morgen geht ihr aneinander vorbei,
guckt müde, gähnend und vielleicht mit Hass auf euch,
einer geht aufs Klo – der andere wartet.
Dann folgen belanglose Worte.

Schinken brutzelt und Eier kochen,
der Fernseher ist vielleicht auch schon an,
und am Frühstückstisch begegnen sich zwei Fremde.

Sie schieben sich Toast in den Mund,
vielleicht noch Müsli,
dann trinken sie Kaffee und Orangensaft.
Mit Sicherheit blicken sie auf ihre Smartphones.

In zig Wohnungen ist es dasselbe Theater:
ausgelaugte, herzenstote Lebewesen –
aneinander gekettet ohne Erfüllung – ohne Chance.

Irgendwann steigst du in deine Karre,
womöglich gehört sie dir schon.
Wenn nicht, zahlst du artig deine Raten.
Dann fährst du zur Arbeit,
wo wieder fremde Menschen sind.

In deiner Tretmühle findest du hier und dort Zeit,
zu flirten, vielleicht auch eine rumzukriegen.
Am Fallbeil aber ist Endstation.
Da helfen kecke Sprüche oder lockere Kniffe in den Arsch nicht.

Vielleicht fährst du auch zu einer Professionellen,
weil zuhause nichts mehr geht.
Doch dann kommt die Fahrt nachhause,
das Warten auf den Urlaub, auf Weihnachten, Ostern
oder irgendein Erleben, das kurz die Tretmühle unterbricht,
was aber auch nur Illusion ist.

Du freust dich aufs Wochenende? Willst ausschlafen?
Willst zu Partys? Das ist dein Warten – dein Warten ist Leben.
Und dann stehst du vor deiner Tür und willst nicht hinein.

Auf der anderen Seite ist jene, die am liebsten den Riegel zuschieben würde.

Ein Acht-Stunden-Tag

Aufstehen gegen 9:00
wenn der Sohn da ist, 6:00
manchmal 6:30.
Pinkeln,
Frühstück machen,
Frühstück essen – dazu Kaffee.
Restkaffee und Zigarette auf der Treppe vorm Haus.
Stuhlgang.
10:00: Bisschen schreiben.
10:30 Raucherpause.
Danach Facebook und Yotube.
Nebenher läuft der Fernseher oder Musik.
Wenn der Sohn da ist, nur Zeichentrick.
Oft spielen wir auch zusammen.
Zwischendurch was schreiben.
Gegen 12 Mittagessen.
Eine Rauchen.
Ausflug mit Sohn – natürlich nur, wenn er auch da ist.
Ansonsten schreiben und Musik hören.
Nachmittags: Selbstbefriedigung und bisschen was schreiben.
18:00 gibt es Abendbrot, dann eine Zigarette.
Vielleicht noch etwas Training.
Nach dem Training gibt es immer Bier und eine Zigarette.
Dann noch etwas schreiben.
Rauchen, trinken, rauchen, schreiben.
Das Ganze knapp 30mal im Monat,
am Ende ein Monatslohn von einem Normalverdiener.
Suck it, baby!

Es ist dunkel und der Abend fortgeschritten.
Die Sterne leuchten nicht.
Der Himmel ist bewölkt,
nur hier und da brennt noch künstliches Licht
in den alten Fenstern des Dorfes.
In meinem Garten glimmen ein paar Solarlampen
und erhellen mir den Weg,
den ich rückwärts mit verbundenen Augen gehen könnte,
ohne zu stürzen.

Stille und Finsternis sind treue Gefährten geworden
und offenbaren Welt und Ich
als Verschmelzung des Kosmos.
Ich bin ein Kind der Nacht.
In der Dunkelheit durchfluten mich Gedanken,
Gefühle; ich bin erregt
und doch gelassen, introvertiert,
konzentriert.

Manchmal bleibe ich bis 4 Uhr auf
oder mache die gesamte Nacht durch.
Nein!
Keine Partys.
Einfach wach bleiben.
Die Stille, das Nicht-Erkennen-Können
oder das Nicht-Erkennen-Wollen
schaffen eine Atmosphäre
der Meditation,
ohne dass ich in Zazen sitzen
oder Mantren abstottern muss.

Ich bin ein Kind der Nacht.
Dann, wenn die meisten schlafen,

um 5:45 aufzustehen, sich fein zu machen
und zur Arbeit zu gehen,
ist mein Geist wach, lebendig und einfühlsam.
Ich könnte nie abends vorm Fernseher sitzen,
nur um „abzuschalten"
Welcher Irrsinn!
Man schaltet ein Gerät an, um sich selber abzuschalten.
Nicht mit mir!
Ich bleibe wach.

Und die meisten fürchten die Dunkelheit.
Nicht die der Nacht, denn die verschlafen
oder verfeiern sie.
Sie fürchten ihre Dunkelheit – ihre eigene.
Sie gucken nur auf das grelle Licht,
lassen sich verleiten
von Werbeleuchten,
sogenannten heiligen Büchern,
Autoritäten, Regeln
und allem, was sonst noch
als künstliche Beleuchtung hilfreich sein kann.
Doch die Wahrheit ist dunkel.
Sie ist Finsternis.

Wer es vermag, aus dem Dunkel herauszutreten,
der tappt unweigerlich in die Finsternis,
denn alles ist Dunkelheit.
Wir kommen aus der Dunkelheit
und wir schreiten in sie hinein.
Dazwischen erhellen wir die Welt
mit künstlichem Licht.
Unsere Welt – innen wie außen.

Es spielt keine Rolle,
auf welche Art sich die Neurose offenbart,

krampfhaft Helligkeit erzeugen zu wollen:
Religion, Philosophie, Wissenschaft,
Liebe, Glück, Arbeit, Konsum.
All dies ist ein gewaltiger Feuerball,
umhüllt von einem alles verschlingenden Schatten,
der nicht Halt macht vor dir oder mir.
Der sich nicht löschen lässt,
der sich nicht aufbrechen lässt,
der einfach da ist
und uns in tiefster Finsternis
uns selbst offenbart.

Alles andere ist eine Ablenkung,
ein künstliches Licht,
das sofort aufhört zu leuchten,
trennt man es von seiner Energiequelle.

Wahrlich!
In Finsternis können nur wenige laufen,
stehen, sitzen oder liegen.
Die meisten erkennen sie nicht einmal,
weil ihr Leben voller künstlichem Licht ist.
Dann verrecken sie, sobald der Strom ausfällt,
denn dann bricht die Finsternis über sie herein,
die schon immer da war,
aber immer nur verdrängt wurde.

Wer dann noch Heimat hat,
das sind die Kinder der Nacht.

Mir war langweilig.
Geraucht hatte ich schon,
auch hatte ich getrunken,
an die Wand gestarrt,
an den Himmel
und an mir selbst herunter.
Alles wie immer.

Dann fand ich ein Video im Internet.
Zu sehen war, wie Menschen einem
zwölfjährigen Mädchen den Kopf abgeschnitten haben.
Die Kleine war so erstarrt wie Hasen, die Angst hatten,
vom Fuchs erwischt zu werden.
Es riss die Augen groß auf
und ihr Blick verriet mir, dass sie nicht bettelte,
nicht fehlte oder klagte.
Sie verstand einfach nicht,
warum diese Menschen das mit ihr taten.
Sie hatte keine Chance.
Zwei Männer hielten sie fest,
einer Schnitt ihr erst die Kehle auf,
dann den Rest ab.
Triumphierend legte er den Kopf mit den weitaufgerissenen Augen
auf den Rücken des Mädchens.

Als ich das sah,
verging mir die Langeweile.
Im Grunde verging mir alles,
denn zugleich drängten sich mir drei Einsichten auf:
1. Der Mensch ist ein abartiges Wesen.
2. Wir sind hier totale Weicheier, die sich niemals gegen Barbarei
wehren könnten, weil wir sowas in unserer Wirklichkeit gar nicht
haben. Wir wären überrascht – sehr sogar.

3. Wir sitzen in einer Blase und es ist nur eine Frage der Zeit, bis sie platzt. Unsere jämmerlichen Problemchen sind gar keine.

Ende der Durchsage.

Ein Nachbar mit Fragezeichen

Der Joker war mir der liebste unter den Feinden Gotham Citys.
Der Joker hatte Stil, war das Chaos in Person, so voller Bitterkeit, Selbstzufriedenheit und Weltenhass. Ein echter Poet.
Der Riddler dagegen, dieser dumme Rätselmensch, der war einfach nur nervig.

Eines Tages sah ich meinen Nachbarn und musste unweigerlich an den Riddler denken.
Doch während der Riddler mit seinen Rätseln töten wollte, wollte dieser Nachbar mit seinen nur am Leben bleiben und mich töten, denn ich konnte seine Rätsel nicht lösen.

Eines diese Rätsel war es, dass er jeden Morgen pünktlich aufgestanden ist.
Er ging pünktlich um 5:30 pissen, das konnte ich sehen, dann hat er mit seiner Frau, eine für ihn sicher fremde Person, was gegessen
und ging zur Arbeit.

Seine Frau arbeitete auch,
sein Sohn auch,
die Schwiegertochter auch.
Und alle lebten in diesem Haus.

Gegen Abend kamen sie alle nach Hause.
Er war meistens früher da.
Gegen neun Uhr abends war dann Friedhofsstille da drüben.
Auch so ein Riddler-Rätsel.

Er machte früh das Licht an, um zur Arbeit zu gehen
und löschte es am Abend, nur um es am nächsten Tag wieder
anzumachen,
um dann wieder arbeiten gehen zu können.

So ging das dort – Tag für Tag,
tagein, tagaus.

Er war fast 60, vielleicht schon älter.
Ein Mann, der sein ganzes Leben gearbeitet hat.
Selbst sein Grab wird er sich selber erarbeiten.

Das Rätsel konnte ich noch immer nicht lösen.

Dem Nachbarn machte seine Arbeit Spaß,
er glaubte an Freundschaft, Demokratie,
an Rente, an Liebe, Familie –
eben das ganz Normale.

Ich wusste nicht, warum mein Nachbar all das glaubte
und wartete nur darauf, dass drüben endlich mal Fensterscheiben
zerspringen würden,
dass Geschirr zerschlagen oder jemand aus dem Fenster fallen
würde.
Nichts.
Ich hörte niemals Schreie,
sah keine Hahnenkämpfe,
keine Bosheit,
einfach nichts.

Vielleicht wäre das Rätsel einfacher gewesen,
wenn mitten in der Nacht alle Lichter angesprungen wären,
wenn mal die Polizei vorbeigefahren wäre,
wenn der Nachbar besoffen auf dem Hof gelegen hätte.

Doch seit Ewigkeiten immer derselbe Tagesablauf.
So ging das dort – Tag für Tag,
tagein, tagaus.

Deshalb sorgte ich an der Stelle meines Nachbarn für diese Dinge,
ich trank in der Öffentlichkeit,
grölte auf dem Hof rum,
kotzte vor meine Haustür.
Seine Frau hatte dafür wohl nichts übrig.
Sie guckte nur noch widerwillig über den Zaun.
Manchmal erzählte sie was von Ordnungsamt oder Polizei.

Dabei hätte ich am liebsten mal die Polizei gerufen,
damit irgendwer diesem Riddler Einhalt geboten hätte,
aber die Polizei hätte wohl nichts unternommen.
Sie wären vielleicht vorgefahren,
hätten sich meine Beschwerde angehört,
dann aber mit ernster Miene und bleichen Gesichtern festgestellt:
„Was diese Leute tun, ist nicht verboten."
Das Blaulicht wäre vermutlich noch nicht mal angegangen.
Sie hätten ihre Mützen noch nicht mal aufgesetzt.
Sie hätten den Riddler nicht erkannt, selbst wenn er vor ihnen
gestanden hätte.

Deshalb saß ich alleine auf der Treppe,
trank, rauchte,
und fragte mich: „Was zum Teufel will der Riddler von mir?"

Eine korrumpierte Gesellschaft

Du bist Maurer? – Warum nicht Architekt?
Du verdienst 1000 Euro? – Warum nicht 2000 Euro?
Du hast eine Frau? – Warum nicht zwei oder eine neue?
Dein Auto ist 20 Jahre alt? – Warum holst du dir keinen
Neuwagen?

Du bist nur Angestellter? – Warum noch nicht Chef?
Du mietest eine Wohnung? – Warum hast du noch kein Haus?
Du hast einen Freund? – Warum keinen ganzen Freundeskreis?
Du bist blond? – Warum färbst du dich nicht mal rot?
Du wohnst auf dem Dorf? – Wieso bist du noch nicht in der Stadt?
Du lebst? – Warum hast du dann noch keine Lebensversicherung?
Du bist schon 30, oder? – Wann denkst du mal an deine Rente?
Du singst voll daneben! – Nimm doch mal Gesangsunterricht!
Du bist zufrieden? – Das glaub ich dir nicht. Du solltest dich
optimieren.
So wie du bist, bist du einfach nicht gut genug.

Eine Schnecke, die sich abmüht

Vor meinem Haus steht eine alte Treppe.
Sie ist hässlich wie eh und je.
Irgendein zusammengegossenes Stück aus Kiesel und Beton.
Wirklich nicht lohnenswert, sie hinaufzuklettern.

Als ich eben eine Zigarette rauchen und
mein Lieblingsgetränk trinken war,
sah ich sie: diese Schnecke.
Eine Nacktschnecke.
Seit heute Morgen tastet sie sich langsam,
aber unaufhaltsam ihren Weg zu mir hoch.
Sie hinterlässt eine Schleimspur,
weiß vermutlich nicht, was hier oben auf sie warten wird,
aber sie klettert vorwärts.

Hier oben bei mir gibt es nichts;
nichts zum Essen, kein Bett,
keine Liebe, keine lobenden Worte.
Sie klettert trotzdem unaufhörlich hoch.
Sie gibt nicht auf und weiß nicht,
dass es hier oben wirklich nichts gibt.

Sie wird wieder herunterklettern.
Früher oder später.
Dann steht sie da, wo sie heute Morgen stand
und hat nichts gewonnen
- nur die Erkenntnis, dass es auf der Treppe nichts gibt.

Emanzipation: Frauen ohne Selbstachtung

An sich haben sie viel geschafft:
Frauen dürfen wählen, was sie wollen,
sich kleiden, wie sie wollen,
sich schminken, wie sie wollen,
arbeiten, was sie wollen,
ficken, was oder wen sie wollen,
sie dürfen sogar über neues Leben entscheiden,
sie können Autos fahren, die sie wollen,
Urlaub machen, wo sie wollen,
sie können sagen, was sie wollen.

Was sie wollen ...

Äußerlich wirken sie frei, befreit.
Doch es gibt noch immer viel zu viele,
die ihr Wollen nicht wollen,
die nur wollen, was andere wollen,
die darum bemüht sind, fremden Idealen zu entsprechen;
seien es irgendwelche Männer, Arbeitgeber oder sogenannte
Trendsetter.

Sie rasieren sich die Beine,
ihre schönen Vaginas,
die Arme und die Achseln,
sie färben sich die Haare,
holen sich bizarre Kleidung

und jagen jedem Trend hinterher, der durchs Dorf getrieben wird.
Sie dürfen und können alles tun, was sie wollen.

Doch wollen so viele von ihnen nur anderen gefallen.
Meistens den Männern.
Also wollen sie von sich das, was sie glauben, was Männer von
ihnen wollen.
Ist das nicht ein Trauerspiel?
Sie wollten frei sein und sind mehr denn je Gefangene ihres
Verlangens,
Männern gefallen zu wollen.
Was im tiefsten Inneren ein echtes Wollen wäre, wird verdrängt,
verschoben, korrumpiert oder versagt.
Sie wollen eben angenommen sein, dazugehören wollen.
Wenn das die neue Freiheit der Frau ist,
alles zu tun, um Männern zu gefallen,
dann ist diese Freiheit ihr Untergang.

Wie eintönige Sklaven kriechen sie den Männern nach,
werfen sich ihnen an den Hals und
beten vor dem Altar fremden Verlangens.
Emanzipation?
Der letzte Schritt fehlt, der wichtigste, der innere,
der, der nur auf dem Pfad zu sich selbst gegangen werden kann.
Von den starken Frauen gibt es zu wenige
- was für ein Jammer für die Männerwelt!
Keine Herausforderung, kein Kitzel, kein Respekt,
keine Begegnung auf Augenhöhe, keine Achtung,
keine Fürsorge
- immer nur äußerliches Verlangen,
während im Innersten die weibliche Seele ums Überleben kämpft.

Eine Frau, der ich dank ihrer Tochter mal nahestand,
hält mich für einen Psycho.
Damit steht sie nicht alleine da.
Es sind viele, die glauben, mir attestieren zu können,
bei mir wäre etwas nicht in Ordnung.
Dabei kennen sie mich nicht.
Schon gar nicht diese dicke Frau, deren Tochter ich einst liebte.

Ich soll der mit einer Macke sein?

Dabei ist sie es, die sich jeden Tag rausquält,
um sich von anderen Leuten ausbeuten zu lassen,
um ein paar Mal im Monat irgendeinen beschissenen Countrytanz
aufzuführen,
um Dschungelcamp zu gucken oder eine Serie über andere
Fettsäcke, die sich zwingen, abzunehmen oder irgendwelche
Vampir-Scheiße.
um Vorurteile immer wieder zu festigen,
um sich mit ihrem Mann zu streiten,
um Geld für Schwachsinn auszugeben,
um Urlaub zu planen, damit sie was ihren Freunden erzählen kann,
um sich über Nachrichten aufzuregen,
um dümmliche Diäten zu machen, die eh abgebrochen werden,
nur um anderen zu sagen, sie seien nicht ganz dicht.

Sie sollte abnehmen. Definitiv! So viel Fett ist nicht gut.

Sie sehen aus wie jeder,
so wie Ameisen auf einem riesigen Haufen,
wie Zombies in einer Fanggrube.
Ich weiß, dass sie auf mich warten,
sie riechen mich,
wissen, dass ich nicht der ihrige bin.

Ich bin ihnen fremd,
ebenso wie es mich fremdet,
sich in die Uniformen der Mode zu zwängen,
lauthals mit Smartphone zu marschieren
und sich in farbloser, toter und verklumpter Masse zu bewegen.

Im Schlürfgang durchziehen sie Städte und Dörfer,
marschieren im Gleichschritt, suchen Steckdosen,
Tankstellen oder was zum Fressen oder Vögeln.
Sie vermehren sich. Werden immer mehr,
schaffen Brüder und Schwestern,
eine Generation folgt der nächsten.

In Unterzahl stehe ich mit wenigen Gefährten,
die einander erkennen wie Leuchttürme im tosenden Meer,
wie Wölfe, die sich zum Rudel schließen.

Im Dschungel der Moderne ziehen wir umher,
mal jagen wir, mal sind wir die Gejagten.
Ideale, Träume, Vorstellungen, Fantasie
- unsere Waffen.

Hoch droben im gläsernen Kartell der falschen Götter,
dort hocken die Anzugträger, die Planer,
die verrückten Professoren, die es lieben,
menschenverachtende Experimente zu kreieren.

Ihnen gilt unser Krieg, unser Kampf, unser Leid.
Mein Leid.

Es ist Normalität.
Es ist normal.

Aus den Fernsehgeräten spähen Kameras,
Telefone sind verwanzt,
in Vorgärten stehen mehr Maulwurfshügel als sonst,
am Briefkasten warten Spione,
in der Luft schweben Drohnen,
auf Asphalt rollen Panzer.

Es ist Normalität.
Es ist normal.

Es sind ganz normale Menschen.

Generation Selbstverwirklichung

In der Ferne bellt ein Hund,
nah spielen Kinder,
die Sonne scheint,
im Tierpark ist Fütterungszeit.
Familien gehen hinein,
andere hinaus.
Alles friedlich.

Wären da nicht überall diese Smartphones.
Die Hunde bellen,
die Kinder spielen,
die Tiere im Tierpark fressen.
Die Menschen tun nichts dergleichen.
Sie schlürfen aneinander vorbei,
selbst wenn neben ihnen Kind, Ehemann,

Ehefrau oder Haustier laufen.

Selbstverwirklichung ist digital.
Das Selbst verwirkt sich digital.

Die Kinder sind gelähmt,
weil die Eltern sie umherzerren,
gebändigt von diesem kleinen Gerät.

Dann werden Fotos gemacht,
ein Moment wird verloren,
um einen nächsten zu steuern.
Jetzt das Foto,
nachher die Aufmerksamkeit.
Nichts ist mehr im Hier und Jetzt.
Nichts ist authentisch,
alles gestellt
und die Menschen reden von Selbstverwirklichung.

Sie spüren kaum mehr
das Gras unter ihren Füßen,
die Sonne auf ihrem Kopf,
den Himmel über ihnen,
die Freude oder das Leid derer,
die mit ihnen gehen.
Sie spüren nicht den Regen,
wollen nur nicht nass werden,
auch nicht die Beziehung
zu den Tieren im Park.
An diesen wird achtlos vorbeigeschritten,
ab und zu gestaunt,
selten nur berührt,
meistens Fotos geschossen.
Erschossen.

In einer Welt, die so falsch ist,
wollen die Menschen
sich selbst verwirklichen,
sich endlich finden
oder aber jemanden finden,
der sie annehmen kann, wie sie sind,
stets auf der Suche,
nie angekommen.
Das nennen sie Freiheit.
Doch Freiheit ist nicht
Freiheit für etwas,
sondern Freiheit von etwas.

Was wäre die Welt besser,
schöner, lebendiger,
kraftvoller, liebender,
würden die Menschen
ihren Wischfernseher wegwerfen
und ganz für den Moment da sein,
statt sich abzulenken mit
Verlangen,
deren Befriedigung sie in digitaler Technik glauben.

Dann würden die Eltern vielleicht wieder Händchen halten,
die Kinder wieder reden
und die Tiere sich geborgen fühlen,
einfach weil die Menschen verbunden sind,
statt davon getrieben, einen nächsten Moment
steuern zu wollen.

Ich traute mich kaum auf die Straßen,
denn da waren sie alle,
diese konformen, uniformen,
belanglosen, nüchternen,
fernsehabhängigen,
obrigkeitshörigen,
Urlaub machenden,
arbeitenden,
sinnloses Zeug redende,
Zukunftspläne schmiedende,
von eigenen Enttäuschungen erstarrten,
frustrierten,
jammernden,
notgeilen, halbgebildeten,
durchschaubaren,
anstrengenden,
unfickbaren Leute.

Also blieb ich zuhause.
Hier war nur ein
konformer, uniformer,
belangloser, nüchterner,
fernsehabhängiger,
obrigkeitshöriger,
Urlaub machender,
arbeitender,
sinnloses Zeug redender,
Zukunftspläne schmiedender,
von eigenen Enttäuschungen erstarrter,
frustrierter,
jammernder,
notgeiler, halbgebildeter,
durchschaubarer,

anstrengender,
unfickbarer Kerl.

Im Westen nichts Neues

Da bin ich mal einen halben Tag nicht online
und gucke mir am Abend die üblichen Verdächtigen an:
E-Mails, Nachrichten, Facebook.
Je nach Tagesform auch nen Porno.
Heute aber nicht.

Auftragsanfragen, Rechnungen,
Rechnungen, Auftragsanfragen,

Korrekturhinweise,
Kommentare,

Literaturempfehlungen,
Kritik,
Lob,

Einladungen,

Wetter,
Stau,

Baustellen,

schwadronierende Politiker und Geldhaie,

Terrorangriffe inklusive Bestürzung und lustiger Kampfansagen,

Inflation,
Deflation,

Wetter.

Hätte ich nen Porno gesehen,
ginge es mir jetzt besser.
Aber so kann ich nur sagen,
was Remarque schon lange erkannt hat:
Im Westen nichts Neues.

MAHNUNG

Ich ging am Samstag zu meinem Briefkasten.
In verlaufener Druckertinte ist dort mein Nachname zu lesen.
Um zu ihm zu gelangen, musste ich erst die Stufen vor meinem
Haus heruntergehen.
Das sind große steinerne Platten, die über der Normgröße liegen.
In der Regel sind Treppenstufen niedriger als die vor meinem
Haus.
Der Mensch hat sich eine bestimmte Gangart angewöhnt, Treppen
zu gehen.
Um Unfälle zu vermeiden, sind Treppenstufen deshalb genormt.
Meine Stufen liegen nicht in dieser Norm.
Das heißt, sie sind anstrengender und bergen ein Unfallrisiko.

Nach den Stufen ging ich einen kleinen Hang herunter, wo Rasen
wächst.
Auf dem Rasen gibt es noch drei Büsche.
Unten am Briefkasten steckte ich den Schlüssel ins verrostete
Schloss
und holte die Briefpost heraus.
Dann das Ganze rückwärts:
Erst der Hang mit Rasen,
dann die zu hohen Treppenstufen.

In meiner Veranda öffnete ich die ersten drei Briefe;
alle vom Finanzamt:

1. Einkommensteuerbescheid
2. Umsatzsteuerbescheid
3. MAHNUNG.

Die Mahnung las ich als erstes,
während ich mir eine Zigarette anzündete
und mir einen Drink eingoss.

Ich wurde gemahnt, die Umsatzsteuer nicht rechtzeitig gezahlt zu
haben.
10 Euro Säumniskosten, Lehrgeld, Lerngeld – egal wie man es
nennen mag.
Eine Woche zuvor erklärte mir eine Frau auf dem Finanzamt,
dass Umsatzsteuer immer sofort fällig sei – ohne Bescheid.
Ich wartete dummerweise auf einen.
Der kam – aber eben auch die MAHNUNG.
Ein paar Tage vorher hatte ich das Geld schon überwiesen.
Zu spät!
MAHNUNG!

Als meine Zigarette nur noch zur Hälfte brannte,
mein Drink geleert war
und die Briefumschläge zerknüllt auf dem Tisch lagen,
dachte ich: Typisch für dieses Land.
In den Briefkästen landen MAHNUNGEN, dass man irgendwem
Geld schulden würde oder dass man Verpflichtungen nicht
rechtzeitig nachgekommen wäre.
Aber eine MAHNUNG, dass gute Laune schnell zu schlechter
werden kann,
oder dass schlechte Laune hervorragend geeignet ist, sich
einzuigeln,
oder dass es schwer ist, selber zu denken, es aber lohnenswert ist,
gab es nie.

Mein Nachbar grinst nur rum.
Egal wie das Wetter ist – er grinst.
Ich wünschte, es würde mal ein Blitz bei ihm einschlagen,
nicht, weil es ihm dann schlechter gehen würde,
sondern einfach nur,
dass er mal aufhört so dumm rumzugrinsen.
Er weiß gar nicht, wie sehr er mir damit auf die Eier geht.
Der grinst beim Aufstehen, beim Einschlafen,
beim Pissen, beim Essen, sogar wenn er auf Arbeit fährt.

Manchmal stelle ich mir vor,
wie ich mit einem Messer über den Maschendrahtzaun springe,
ihn mir packe, auf den Boden reiße
und ihm sein Grinsen im Glasgow-Stil verewige.
Dieser Wichser!
Selbst dann würde er mich noch angrinsen.

In Wodka-Momenten frage ich mich,
ob er was verstanden hat, was ich nicht gerafft habe
oder ob ich was kapiert habe, was er nicht verstanden hat.

Wenn ich dann aber sehe, wie er es inszeniert,
Dartpfeile dorthin zu werfen, wo es seine alte Mutter verboten
hat,
weiß ich, dass er nichts verstanden hat.
Sein Grinsen ist einfach nur erbärmlich.
Vermutlich nervt er sich selbst damit.
Immer freundlich, gut gelaunt, höflich, anständig
- und doch hat er Dinge, die ich auch irgendwo will:
Gutes Geld, gute Frau, gutes Heim.

Aber wenn es der Preis ist, ständig zu grinsen,
scheiß ich drauf.

Ich würd' mir jeden Tag in die Fresse hauen wollen.

Nur wenige sehen, die meisten gucken

Ich seh die Leute auf den Straßen,
die Sklaven und Zuhälter eines korrumpierten Systems,
wie sie tagein, tagaus immer nur das Gleiche tun
- von früh bis spät, von Montag bis Sonntag,
von Jahr zu Jahr.

Ihr Leben besteht aus Warten.
Welches nicht?
Warten auf den Urlaub,
auf Monatsgehalt,
aufs Wochenende,
vielleicht auf ein neues Auto,
ganz sicher auf das neue iPhone,
und fast sicher auch, dass sich endlich was ändern möge.

Die Welt möge sich ändern,
der Mann, die Frau,
man selbst,
alles
- und nichts davon verändert sich.
Alles bleibt dasselbe.
Ist das nicht ein Trauerspiel?

Und sie sitzen im Wartezimmer ihres Lebens,
die meisten nüchtern, diese Narren,
blicken zum Fenster und werfen die Schlüssel
ihrer Fesseln dem fetten Pförtner am Eingang zu.
Irgendwann springen die ersten aus dem Fenster,
die anderen schauen zu und gucken auf den
zermatschten Körper, der uns allen zeigt,
was wir sind: Schleim, Knochen,

Blut und Gewebebündel verpackt in einen Anzug.
Ist das nicht ein Grund, die Augen zu öffnen,
statt nur zu gucken, endlich zu erkennen?
Offensichtlich nicht, denn dann könnte sich was ändern,
und das würde alles auf den Kopf stellen.
Man bräuchte das Gewohnte nicht mehr,
dieses Warten auf irgendwas.
Was hat man dann noch, wozu es sich zu leben lohnt?
Vielleicht jeden einzelnen Augenblick in höchster Intensität
statt belangloser Mittelmäßigkeit?
Vielleicht.

Selbstbefriedigung am Bildschirm

Es ist viertel eins oder Viertel nach zwölf,
ich berühre ihn mit beiden Händen, mit allen Fingern,
ich fahre rauf und runter, lösche, tippe, trinke,
dann warte ich – Erschlaffung.

Gähnende Leere macht sich breit,
mein Kopf will platzen, alles hinausschießen,
doch ich halte inne.
Der Moment kürzester Entspannung will wohl ausgekostet sein.

Dann geht es weiter: Es gibt Schläge,
Streicheleinheiten und ein bisschen Vibration.
Meine Finger sind verkrampft wie die Totenstarre
einer alten Frau.

Will fertig werden, doch ich schaffe es nicht.
Bin schon längst fertig. Nächster Versuch – dieses Mal nur mit
links.
Ich schüttele, packe zu und notiere:
„Du bist ein Außenseiter. Ein Freak."

Endlich geschieht etwas.
Jemand hat die Handbremse gelöst,
meine Atmung wird schwerer.
Ich hechle wie ein räudiger Hund.

Dann passiert es – totaler Verlust von Kontrolle.
Anspannung bis die Feder sich von selber löst.
Das war's? Im Ernst?
Ich habe mich selber nur verarscht – mal wieder.

Warum Beziehungen scheitern

Diese Frage stellen sich die Leute.
Die Normalen suchen in Belanglosigkeiten eine Erklärung,
vielleicht sitzen sie dazu mit Freunden zusammen,
essen Eis, philosophieren und geben eifrig Antwort.

Eine Beziehung ist heikel,
besonders, wenn es um mehr geht, als ums Reden.
Man verletzt sich gegenseitig – ruckzuck ist ein Daumen ab
oder die Frau schneidet dem Mann mitten in der Nacht seinen
Schwanz ab.

Und er trennt sich nicht. Er lässt sich über den Hof jagen,
sie lässt sich betrügen, ignorieren und denunzieren.
Er will ein geordnetes Leben: Haus, Hund, Kind,
vielleicht Urlaub und noch ein oder zwei Leasing-Autos.

Sie sucht Halt, Rückhalt, nur selten Mundhalt,
er gibt ihn ihr, dann mal nicht, dann wieder.
Halbarschige Sache.
Dann implodiert dieses Konstrukt, das nur noch an Fäden hing.

Die Fäden waren einst aus Stahl, dann nur noch aus Hanf,
später waren sie dünn wie Spinnweben, mehrfach geflickt

mit vergebenen Träumen und sinnlosen Zukunftsfantastereien.
Daran gehen Beziehungen kaputt.

Sie zerbrechen, weil er und sie – jeder für sich – nicht alleine sein
können.
Ein jeder sucht im anderen, was er in sich selber vermisst.
Von vornherein ist es zum Scheitern verurteilt.
Wie sollte ein anderer Löcher bei einem selbst stopfen,
wenn es nicht gerade Körperöffnungen sind?
Das ist das ganze Dilemma.

Kaputt, weil man zu viel wollte.
Kaputt, weil man nicht das Richtige wollte.
Kaputt, weil man sich selbst nicht will.
Sich selbst tragen, ertragen, wer das kann, der braucht sie nicht,
diese durchschnittliche Abhängigkeit von anderen.

Er ist allein, aber nicht einsam.
Wer das kann, kann ruhig schlafen,
kann empfangen und geben, kann frei sein,
kann Beziehungen knüpfen, aber er muss nicht.
Das ist der Grund: Das gottverdammte Müssen.

Wie konnte es soweit kommen?
Das Gegenüber ist kein Gegenüber,
nur noch eine Figur im eigenen Schicksalsspiel.
Das kann nicht gutgehen.
Vom Subjekt zum Objekt gemacht.

Man nutzt sich aus – gegenseitig.
Mal mehr, mal weniger, aber immer dasselbe:
Geborgenheit, Zuflucht, Hingabe und Angenommen-Sein.
Wenn beide es beim jeweils anderen suchen und es keiner
innehat:
Prost Mahlzeit, ich leg mich ins Bett und weiß schon jetzt,

wie es enden wird.

Wenn der Rasen zu hoch ist

Die Nachbarn hier sind nett,
wirklich liebe Leute,
die meisten vermutlich mit einer Alkoholsucht,
aber nett.
Kleingeistig.
Schützenverein, Spielmannszug,
Dorfprinzessin,
das sind die Themen, die diese Menschen bewegen.
Nett.
Pfingsten, Osterfeuer, hier und da mal ein Dorffest.
Alles überschaubar, kontrollierbar,
seit Jahrhunderten das Gleiche.

Angetüdelt stand ich neulich vor meiner Tür,
winkte den kostümierten Fratzen zu,
die ihre Instrumente schlugen
und am Abend ihre Stammtischparolen vom Hocker ließen.

Ich habe kurz davor was von zerbombten Städten in Syrien
gelesen,
von den Brandanschlägen auf Flüchtlingsheime,
vom linken Hass auf normales Leben,
von Impfzwischenfällen, Hungersnöten,
abartigen Waffendeals,
Abhörzentren,
und pseudomoralischen Kriegsrechtfertigungen.
Und meine Nachbarn beschweren sich über meinen Rasen.
Der ist nämlich zu hoch für sie.
Dieser Rasen war schon immer ein Rebell.

Auf den Unterrichtsbänken,
in runtergekommenen, stinkenden,
leblosen Schulen hat man uns beigebracht,
dass wir alle verdammte Gewinner sein können.

Niemand sagte uns etwas über
die Kranken, die Säufer, die Drogensüchtigen,
die Depressiven, die Suizidalen, die Huren,
die Ausgegrenzten, die Ausgestoßenen, die Verrückten.

Oder über die Panik einer Person,
die aus ihr herausbricht,
wenn sie einsam ist,
selbst wenn sie mit anderen zusammen ist.

Wenn sie nur anfasst, statt berührt,
wenn mit ihr geredet, statt geschwiegen wird.

Niemand hat uns gesagt, wie es ist,
sich um ein Tier zu sorgen, Pflanzen zu gießen
oder füreinander da zu sein.
Und wir haben alle Schiss.

Unberührt,
zugetextet,
einsam.

Ich höre die Falle schon zuschnappen.

Blick' ich in die Welt,
ist's trüb geworden, ob der Suche nach
der heiligen Stätte, Freiheit sie genannt.
Umrahmt, umgarnt, umzäunt, verschanzt,
geborgen, gebrochen, verbogen, zerstört,
alte Werte hinweggefegt im Frühlingssturm,
dass der Freiheit Tore nimmer öffnen.

Die Völker der Welt zanken arg und lüstern,
sind geschmeichelt von Anzug und Krawatte,
und so manchem Damenrock.
Sie flüstern in die Welt Bilder vom alten Feinde,
blicken mit Blitzen in den Augen gen Osten,
reiben sich die Hände, wenn Raketen
müde Kinder treffen,
schlaffe Großväter hinfort reißen
oder nur ein Gänseblümchen treffen.

Sie schreien für Freiheit, Werte, Recht
und der Ort, der mal Freiheit hieß,
zerbricht in ihren Mündern, denn was
sie in Trümmer schießen, war nie was andres,
als der Freiheit Fundament, auch Wahrheit wohl genannt.

Drum horch und höre das Raunen der Kriegsproduktion,
die geilen Schreie nach Vergeltung und Recht, nach
Bestrafung und Annexion, nach Moral, Überlegenheit,
Schulterschluss und roten Linien.
So wird gebombt, damit Bomben schweigen sollen.
Freiheit wird geraubt, um Freiheit zu bringen.
Recht zu Unrecht, damit Unrecht wieder Recht mögen werde.

Sie stehen alle auf dem Kopf.

In der Schule saß ich oft in der ersten Bank.
Ich suchte den Schutz der Lehrer vor den anderen Kindern,
die stets bemüht waren, mich zu terrorisieren,
angefangen von nassen Papierkugeln im Nacken
über traumatisierende Spitznamen
hin zu Verfolgungsjagden auf dem Nachhauseweg
und zum Wegnehmen meiner Kleidung in der Sportumkleide.

Freunde hatte ich erst später, andere Freaks,
Ausgestoßene, Andersdenkende,
die meiste Zeit in der Schule war für mich die Hölle.
Jeden Abend hatte ich Angst vorm nächsten Tag,
und jeden Tag hatte ich Angst vorm Abend,
dass bald wieder ein Morgen anstehen würde.

Über jedes Wochenende war ich dankbar,
und jeden Sonntag, an dem ich in der Kirche war,
betete ich um Frieden …
nichts.
„Es rettet uns kein höheres Wesen …" klingt mir in den Ohren.
Montag alles wieder von vorne.
Dazu kamen widerliche Lehrer, meistens Frauen.
Tyranninnen, gefühlslose oder gefühlschaotische Weiber
mit dem Drang, ihren Frust an Schülern auslassen zu müssen.
Schlechte Noten waren an der Tagesordnung genauso wie die
Suche
nach Verstecken, um Schutz vor den anderen Kindern zu finden.

Angeblich sei das alles normal.
Jeder müsse seinen Platz finden.
Die Schule als Mikrokosmos der Gesellschaft.

Später, als ich dann tatsächlich meinen Platz gefunden habe,
der noch immer jenseits der Norm ist,
sagte mir eine alte Schulkameradin,
dass viele vor mir Angst gehabt hätten.
Nicht nur, dass ich immer komisch wirkte,
ich hätte wohl auch Mädchen an der Straßenbahnhaltestelle
zwischen Asphalt und Kopfsteinpflaster mit Steinen beworfen.
Ich war hinterhältig.
Schrittweise kamen die Erinnerungen zurück:
In der großen Pause warf ich die Federmappen anderer Schüler
aus dem Fenster,
ich klaute die Mützen und tunkte sie ins Klo.

Wie es aussieht, war ich ein ziemlicher Trottel
gefangen in Hass, Wut, Kummer, Leid
und allen anderen Widerwärtigkeiten, die man als Mensch
erfahren kann.
Ständig krank, Schule geschwänzt, geklaut.

Schuld waren immer die anderen, die Oberfieslinge,
die kranken Seelen, die, die nur hänseln wollten.
Ich nur das Opfer, der kleine Jesus,
der sich nicht wehrt, sondern lieber die zweite Wange hinhält.

Und dann, irgendwann zwischen Abitur und Studium gaben mir die
großen Denker Halt,
jene Männer, die die Welt nie akzeptierten, nie mit den Menschen
konform standen und stets bemüht waren, nach des Pudels Kern
zu suchen.
Diese Männer hielten mich an, zu mir selber zu stehen,
dem eigenen Weg zu folgen und
schnell änderte sich meine jahrelange Opferhaltung.

Nun lebe ich abnormal:
kein regelmäßiges Einkommen,

kein Urlaub,
keine Handyverträge,
keine Weekendpartys,
keine sozialen Kontakte, bei denen es um ein „Wie geht's?" geht,
keine Hobbies wie
TV glotzen,
Fußballvereine,
Sex als Mittel der Selbstbestätigung,
Kneipentouren
oder was sonst dem gemeinen Geist einfällt.

Ich interessiere mich für keine Eigenheimzulagen, dafür für Lehm.
Ich interessiere mich nicht für Karriere, dafür für das Schreiben.
Ich interessiere mich nicht für Autos, dafür für die Klassiker.
Ich interessiere mich nicht für Freundeskreise, dafür für
Gleichgesinnte.
Ich interessiere mich nicht für Steuertipps, dafür für die Bierkästen
in der Veranda.
Ich interessiere mich nicht für Mode oder Hypes, dafür für das,
was ich jeden Tag fühle.

Statt meiner einstmaligen Abschottung,
in der ich bewaffnet durch meine alte Heimat lief aus Angst vor
Angriffen
bin ich heute unbewaffnet und gedenke all jenen,
deren Schutzschild zum Gefängnis geworden ist.

Stell dir mal vor, du redest mit jemandem,
scheißegal, ob Mann oder Frau.
Ihr steht in einem Park,
sitzt in einem Café
oder redet im Bett.
Auf einmal geht dein Gegenüber weg.
Vielleicht hast du noch eine Frage gestellt,
dann einfach weg, gegangen.
Du sitzt oder liegst,
siehst ihr oder ihm noch nach
und denkst dir:
„Fuck. War er (oder sie) überhaupt je da?"

Und irgendwann, früher oder später,
schreibst du mit jemandem,
und was passiert?
Einfach keine Reaktion mehr,
als ob der Mensch vom Tisch aufsteht,
während ihr miteinander redet,
und einfach abhaut.
Die Rechnung hast du zu zahlen.

Das ist modern.
Das ist absurd.
Das ist normal.

Die Sache ist glasklar.
Wer will findet Wege,
wer nicht Gründe,
oder eben noch nicht einmal diese.

Ich hasse die sozialen Medien,

die das Ganze noch befeuern.
Irgendwas läuft gewaltig schief
zwischen den Menschen.
Hat keiner mehr Eier,
„ja" oder „nein" oder irgendwas
mitzuteilen?

Sollen sich doch einfach jene zusammenrotten,
die auf diesen Wegen kommunizieren
oder eben nicht kommunizieren.
Sie werden sich prächtig verstehen
oder eben nicht.

Mir ist das egal,
denn ich gehe wieder.

Träume sind für den Arsch

Auf der Reservebank

Der Spieler hatte Potential.
Man sah es ihm vielleicht nicht immer an,
weil er zu selten im Spiel war,
häufig trank und mächtig viele Kippen wegrauchte,
aber war er auf dem Feld, dann legte er alle anderen lahm.
Die konnten nicht begreifen, was geschah.
Das Spiel entschied er.
Jedes Mal.

Doch trotzdem saß dieser Spieler irgendwann nur noch auf der
Bank,
immer und immer wieder.
Er wurde einfach nicht eingewechselt.

Selbst als die Spiele alle nach hinten losgingen,
durfte er nicht aufs Feld.
Er saß also weiter da, wartete und wartete.

Ein anderer Spieler, der eine Quote von 10 hatte,
ich meine: jeder weiß, was diese Quote bedeutet,
war voll am Arsch,
aber dieser Spieler durfte bleiben.
Er stand bei jedem Spiel vom Anfang bis zum Ende auf dem Feld.
Was er tat, war furchtbar anzusehen,
als würde ein einbeiniger Pirat mit Hakenhand versuchen,
Fußball, Basketball, Baseball, Football, Boxen und Wrestling zu
einer neuen Sportart zu mixen.
Egal.
Er durfte spielen.
Der andere blieb nur auf der Ersatzbank.

Das ging lange so.
Der Spieler auf der Bank beschwerte sich nicht,
litt aber mit jeder Niederlage seines Teams.
Der Trainer wechselte ihn nicht ein,
noch nicht mal gegen diesen Oberloser, der ständig spielen durfte.
Irgendwann war der Platz, wo der Spieler immer saß, leer.
Der Trainer fand nur einen Fetzen von einer Serviette.
Darauf stand: „Ich bin keine Suppe."
Der Spieler kam niemals wieder.

Das Thema ist sehr interessant

Gestern habe ich eine E-Mail erhalten.
Von einem Verlag.
Sie wäre fast untergegangen
unter den 50 anderen Mails
zu Aufträgen, Überarbeitungen und
Werbung.

Der Verlag begutachtete mein Manuskript.
Sehr interessantes Thema.
Stilistisch auch etwas Neues.
Aber auch irritierend.
Zu irritierend.

Deshalb passt das Manuskript
nicht in ihr Programm.

Soll noch jemand sagen,
ich hätte es nicht versucht.

Und wenn ich irgendwann krepiert bin,
ist das Manuskript vergessen
oder jemand findet es
und hat den Mumm, es rauszubringen.
Dann ist es mir egal.
Zu irritierend.

Er wollte groß hinaus

Er hatte sich angewöhnt, die meisten seiner Texte nicht nur selber
zu schreiben,
sondern sie auch zu veröffentlichen.
Für Romane gab es hier und da einen kleinen Verlag,
meistens hieß es aber: „Vielen Dank für Ihr Manuskript, aber wir
haben aktuell so viele Projekte, dass wir uns nicht um alle
Anfragen kümmern können.
Bitte haben Sie Verständnis und sehen von weiteren Anfragen ab."
Nun gut,
bei den Gedichten lief es ähnlich:
Ein paar Gedichtbände konnte er so rausbringen
- ein Hoch auf digitale Angebote.
Der Verkauf war aber verschwindend gering.

Dann gab es noch Facebook.
Hier veröffentlichte er, was das Zeug hielt
- auch mehr schlecht als recht.
Auf dem Ego-Tripp, die Daumen-hoch-Dinger einzufangen,
versagte er regelmäßig.
Es war ihm egal,
aber auch nicht.
Er wollte schließlich groß hinaus
- einen verschissenen Kindheitstraum verwirklichen.
Mit solchen Texten?
Niemals!

Es wird vielleicht noch nicht mal wie bei Kafka, van Gogh oder
Stieg Larsson
oder Hans Fallada verlaufen.
Diese Säcke wurden nach ihrem Tod berühmt.
Vermutlich, weil die Welt dann aus diesen Leuten etwas machen
konnte,
was sie zu Lebzeiten nie sein wollten oder konnten.

Also was bleibt?
Entweder macht er weiter wie bisher und geht sich selber auf den
Sack
oder er macht weiter wie bisher und hofft auf ein Ableben,
was ihn berühmt machen würde,
ihn aber nicht mehr groß hinaus bringen kann,
denn das geht nur zu Lebzeiten.

Inzwischen habe ich mich dran gewöhnt,
dass ich regelmäßig Mausefallen aufstelle.
Ich nehme die Klassiker: Bügelfallen.
Ich lege Cornflakes, Weißbrot oder Mischbrot auf das Brett,
dann warte ich.
Meistens gibt es einen dumpfen Laut und ich weiß:
Jemand ist gestorben.

Lustiger Weise denke ich immer erst an einen Menschen
und erst danach an eine Maus,
die der Versuchung nicht widerstehen konnte,
sich Fressen zu holen.
Der Preis: ihr Leben.

Vielleicht denke ich zurecht an Menschen,
wenn meine Mausefalle wieder ein Leben gefordert hat.
Das tote Geschöpf hat, als es noch atmete,
etwas gesehen, was es begehrte.
Ohne die Umstände zu kapieren,
ist es einfach losgestürmt:
Haben, haben, haben.
Und es merkte nicht, was geschah.
Tot!

Das verlockende Weißbrot war der Untergang.
Aber ich frage mich:
Kann man wirklich vom Untergang sprechen?
Für die Maus war es sicher kein Untergang.
Sie lief hektisch zu etwas, was sie begehrte.
Dann wurde sie vernichtet.
Sie wusste also nichts vom Untergang.
Sie starb vielleicht mit einem Gefühl des Vergnügens.

Und der Mensch?
Er sieht auch nur allzu selten seinen Untergang kommen.
Er sieht nur das, was für die Maus das Weißbrot ist.
Dann macht es knack
und er ist tot,
selbst wenn er noch ein paar Jahre weiterlebt.

Im Dreieck gedreht

Wodka, Glotze und was zum Schreiben
- die großen Drei, die Triple Entente,
die Tricolore
des Säufers,
des Spanners,
des Schreibers.
Die Dreifaltigkeit seiner Existenz.

Doch etwas war spannender als das, was tagein, tagaus in der
Glotze läuft:
Menschen.
Menschen zu beobachten, war das I-Tüpfelchen,
der Schuss im Kaffee,
besonders sehenswert sind die Verzweifelten,
am besten ein Paar, das ums nackte Überleben kämpft;
kein Dschungelcamp, kein Big Brother,
sondern ernüchternde Wirklichkeit.

20 Jahre verheiratet,
20 Jahre sich was vorgemacht,
20 Jahre weggeguckt,
20 Jahre geduckt,
20 Jahre gekuscht,
und irgendwann machte es booom.

Da fiel was auseinander

und zwei Menschen versuchten, was zusammenzuhalten.
Ein Todeskampf für beide,
für den Dritten stimmungsvolle Unterhaltung:
Kriegen sie sich?
Kriegen sie sich nicht?
Kann es was Besseres geben?
Er musste noch nicht mal Eintritt zahlen.

Traurig für die Betroffenen, deren Ende schon festgeschrieben
war,
die im Herzen schon wussten, wie es enden würde,
aber keiner den Arsch in der Hose hatte, es sich einzugestehen.
Umso aberwitziger die verkrüppelten Versuche,
das zu halten, was 20 Jahre funktioniert hat,
nicht funktioniert hat.

Keine Erlösung in Sicht.
Dann wurde es irgendwann doch langweilig,
also doch lieber die großen Drei.
Da wusste er, was er hatte
und konnte sich im Dreieck drehen.

Kurt Tucholsky lag falsch

Einer der Größten irrte sich.
Die Erkenntnis kam schleichend
als Schatten auf meinem Lebensweg.
Doch da stand sie nun und ließ mich nicht vorbei,
ehe ich sie akzeptierte.
Das tat ich auch,
denn er lag wirklich daneben.

In seinem Gedicht „Ideal und Wirklichkeit"
gibt es eine nette Wiederholung, eine Art Refrain:
„Man möchte immer eine große Lange,

und dann bekommt man eine kleine Dicke."
Da ist gewiss etwas dran,
aber der Titel zum Gedicht täuscht.
Er lautet „Ideal und Wirklichkeit".
So sieht es dann aus:
Das Ideal ist die große Lange,
die Wirklichkeit die kleine Dicke.
Ein netter Gedanke,
aber so viel Kurzsichtigkeit ist einem so großen Geist
nicht zuzumuten.

Was der Gute übersieht,
ist, dass es gar keine Trennung zwischen Ideal und Wirklichkeit
gibt.
Das ist die größte Illusion, der er erlag.
Das Ideal ist immer nur ein Teil der Wirklichkeit
- nichts weiter.
Da mag man sich noch die schönsten Ideale ausmalen,
sie sind niemals ein Gegenteil zur Wirklichkeit,
weil sie Wirklichkeit sind – eben wirkliche Ideale.
Solange man aber wie dieser Dichter glaubt,
es gäbe einen Unterschied zwischen einem Ideal und einer
Wirklichkeit,
kommt es immer wieder zum Kampf
zwischen dem, was ist, nämlich die Wirklichkeit,
und dem, was nicht ist, obwohl es dieses Nicht nicht gibt,
eben weil das Ideal ein Teil der Wirklichkeit ist.
Es ist nur ausgedacht.
Das kann ein neurotischer Geist aber nicht verstehen,
der glaubt, dass das Ideal als etwas Inneres existiert
und meint, die Wirklichkeit sei nur das außerhalb der Haut
und den ganzen Gedärmen, die dahinter schlummern.

Vielleicht hätte Herr Tucholsky besser schreiben sollen:
„Vorstellung und harte Tatsachen",

weil „Wirklichkeit" einfach alles ist:
Ideale, harte Tatsachen, Vorstellungen
und alles Übrige, was sich der Mensch so ausdenkt.

Nutzlose Muschis und ein Sack voller Haare

Ich bin auf einer Plattform,
wo Profilbilder hartgefrorene Schwänze
und zusammengepresste Brüste zeigen,
faltige Haut,
und Männer und Frauen in Positionen,
die an Epilepsie erinnern.

Körperteile, die Sinnlichkeit und Natürlichkeit vereinen,
fast schon sowas wie Heiligkeit besitzen,
sind degradiert zu Werkzeugen,
einzig zur Lust- und Frustbefriedigung.

Selbst Tiere haben mehr Niveau,
haben aber auch keine Komplexe.
Kompensiert wird die innere Leere
mit dem Zwang nach Begehrlichkeit,
mit der Suche nach dem letzten Streichholz,
das man irgendwie zu entflammen versucht.

Anerkennung zerrinnt zwischen den Profilen
lauter nutzloser Muschis, die nichts weiter sind
als selbstreduzierte Objekte einer verqueren Welt.
Wieso melde ich mich nicht einfach ab?

Es ist kurz nach Mitternacht.
Bis eben schrieb ich Verlage an;
will mein Buchskript loswerden.
Die Verlage sind abgefuckte Unternehmen.
Ich trinke, um die Anschreiben
halbwegs anständig zu verfassen.

„Sehr geehrte Damen und Herren …"

Vielen reichen Exposé und Leseprobe.
Gibt's denn das?
Die meisten wollen den ganzen Scheiß
in Papierform.

„mein Name ist Christoph Eydt
und ich bin von Beruf Autor und Ghostwriter …"

„Bitte prüfen Sie zunächst, ob Ihre Idee
zu unserem Verlagsprogramm passt."

Kein Problem.
Passt!

In der Ferne schreit ein Vogel,
es ist finster
und hier in den Bergen arschkalt.

„Ich möchte Ihnen gerne mein Buchprojekt vorstellen.
Das Manuskript ist abgeschlossen
und liegt mit 210 Normseiten vor.
Das Genre: Historisch-fiktional …"

Sie prüfen angeblich jeden Manuskripteingang.
Die Prüfung würde aber mindestens drei Monate dauern,
weil jeder Depp glaubt, er hätte ein Buch geschrieben
und müsse es veröffentlichen.

Also liegt mein Exposé zwischen tausend anderen.
Es ist nichts Besonderes für die Verlage,
für mich ist es alles.
Bei jedem Skript, das fertig geworden ist,
schwingt die Hoffnung mit, dass ein halbwegs
etablierter Verlag meinen Mist interessant findet.

Bisher hat es manchmal geklappt,
manchmal nicht.
Von meinen eigenen Texten komme ich nicht über die Runden.
Deshalb schreibe ich für andere Menschen,
meistens Unternehmer oder Wissenschaftler.
Die Bezahlung ist gut.

„Anbei sende ich Ihnen das Exposé
und eine 30-seitige Leseprobe."

„Für unverlangt eingesendete Manuskripte übernehmen wir keine
Haftung."

Ich habe noch keinen Verlag erlebt,
der Manuskripte verlangt.
Sicher ist sicher.

Meine E-Mail ist ein weitgehend fertiges Muster.
Die Anrede wird ausgetauscht,
der Rest bleibt unverändert.
Das Skript auch.

Zu viele Bücher werden veröffentlicht,

die viel erzählen, ohne was zu sagen.
Vermutlich bin ich keine Ausnahme.
Deshalb versinke ich langsam unter der Flut an Einsendungen.
Ich ersticke im Stapel unverlangt eingesendeter Manuskripte,
Exposés, Konzepten und Beurteilungen.

Ich ersticke.

Alles auf null

Dieser Typ ist da irgendwie reingestolpert,
korrumpiert von irgendwelchen Idealen,
von Idealen der Naturverbundenheit,
der Friedfertigkeit,
des Konsumverzichts,
einfach des „anders als alle anderen"-Sein-Wollens,
also brach er den Weg ab, den Gesellschaft, Eltern
und Freunde für ihn vorgesehen hatten.
Er begab sich schicksalsgefügt auf den eigenen Weg,
den Weg des Herzens,
einen Weg der Freiheit, aber auch auf den Weg einer
tief sitzenden Angst.
Wie weiter?
Wohin?
Wozu?
All das schien klar und doch so undurchsichtig
wie die Nebel von Capoor.

Dennoch: Weiter!

Die Ideale als Kompass des Lebens
führten ihn zu zwei Grundstücken inmitten
der Natur.
Eines davon besitzt er noch ... noch.
Dann kam alles anders als geplant,

als vorgestellt oder eingestellt.

Dieses Anhaften am Materiellen,
an irgendwelchen belanglosen Wänden,
Böden und Decken,
an Gärten und Stützmauern,
dieses Anhaften hat ihm die Ideale
geraubt, die er einst so sehnlichst wollte.

Doch Ideale sind ihrer Natur nach unerreichbar.

Alles auf null.
Alles weggefegt vom tosenden Wind des Schicksals,
nur um doch wieder das zu werden, was er immer war.
Ein Fremdgänger, ein oberflächlicher Typ,
ein Denker, ein Wesen, das fühlen will.

Scheiß auf Ideale,
scheiß auf Ziele,
scheiß auf alles, was auf einem Leben aufgebaut wird,
nur um es noch schwerer zu machen.
Diese Lasten kann niemand tragen,
und deshalb geht es nur um zwei Dinge in diesem Leben:

1. Lernen.
2. Irgendwie damit klar kommen.

Der Rest, ja, der Rest fügt sich.

Der Misanthrop ist ein Mensch,
dessen Wesen erkannt hat,
dass jede soziale Beziehung
nichts weiter bedeutet als das Umlasten
von Problemen,
als das wechselseitige Befriedigen von Bedürfnissen,
als den fragwürdigen Tauschhandel von Nichtigkeiten.

Er hat das All-ein-sein gewählt,
und bleibt dennoch resigniert,
verschlossen und abgekapselt.

Jede Beziehung ist ihm zuwider,
weil er weiß,
dass es nur um Projektionen geht,
um unheimliche Schattenwelten,
in denen jeder Mensch den Tod vor Augen hat
und nichts unversucht lässt,
sich vor der eigenen Sterblichkeit zu verstecken.

Er ist ein Eremit,
ein Aussteiger,
ein Assi,
ein Penner,
vielleicht ein Schriftsteller,
vielleicht ein Magier,
aber vielleicht auch ein Wandersmann.

Er geht alleine,
ist all-ein,
und dennoch ist er einsam.

Sein eigener Tod ist ihm nichtig,

deshalb raucht er,
deshalb trinkt er,
deshalb schreibt er,
und deshalb baut er an einem Haus,
das verkauft werden soll.

Der Misanthrop
ist ein Wesen, das erkannt hat,
dass alle Bemühungen um
Glück, Zufriedenheit, Wohlergehen
vergebens sind vor dem Schaubild
des eigenen Sterbens,
der eigenen Leere,
die nichts zu füllen vermag,
weil Leere Leere bleibt.

Der Leere Kern ist Leere,
der Mensch ist Leere,
weil er nur Hülle ist,
nur Trug,
nur Schein.

Das Sein,
das Sein bleibt leer,
egal wie viele Männer oder Frauen an seiner Seite stehen,
wie viel Häuser dem Sein gehören,
wie viele Kinder des Seins die Welt segnen,
das Sein weiß, dass Leere Leere bleiben wird.
Deshalb ist der Misanthrop ein Mensch,
der leer ist,
der weiß, dass jedes Bestreben nach Befriedigung leer bleiben
wird,
der weiß, dass jede Befriedigung leer ist,
der weiß, dass er leer ist,
denn er ist nichts anderes als Staub,

als ein Korn im Universum des steten Wandels.

Heimat – oder: Was es sonst noch nicht gibt

Alte Seelen und ein Dorf

Seit über einem Jahr wohne ich in einem kleinen Bergdorf.
Es hat gerade mal um die 1000 Einwohner,
zwei schöne Seen,
ein Schloss,
zwei Spielplätze,
einen Kindergarten,
früher eine Grundschule.
ein Hotel
und einen Tante-Emma-Laden.

Die Leute hier sind entweder saudumm
und Inzestopfer oder in sich ruhend,
ausgeglichen, freundlich,
anspruchslos,
und auf ihre Art naturverbunden.
Kein blödes Gerede über Veganismus,
Klimawandel, Ozonloch oder sonst für einen Scheiß.
Einfach Freude am Wald, den Wiesen, den Feldern
und den Tieren, die sich manchmal tagsüber
auf die Straßen dieses Dorfes trauen:
Füchse, Katzen, Marder, Rehe.
In der Dämmerung hört man die Hirsche,
nachts die Eulen.

Die Omas tragen Kittelschürze,
reden von der guten alten Zeit,
die Männer trinken ihr Bier,
freuen sich am Schützenverein

und sehen sich als Wahrer irgendwelcher Traditionen.
Die, die Arbeit haben, pendeln,
fahren in die nächstgrößeren Städte
und kommen am Abend zurück.

Der Großteil hier ist über 50 Jahre.
Die meisten sicher noch deutlich älter.
Immer mehr Häuser stehen leer.
Seelenhäuser.
Häuser, die über 200 oder 300 Jahre schon hier ihre Wurzeln
haben.
Die Welt zog an diesen Häusern vorüber.
Sie haben Weltkriege überlebt,
Wirtschaftskrisen,
Regimewechsel,
Veganismus,
sexuelle Entfaltung
und was den Leuten sonst noch alles einfällt.
Und sie – die unbewohnten Häuser – fallen nunmehr ein.

Die jungen Leute ziehen fort,
die alten Leute krepieren.
Die Häuser werden leer,
das Dorf still.

Die jungen Leute zieht es in die Stadt.
Frag den Teufel, wieso.
Wegen Arbeit?
Sicher nicht nur.
Aber alles läuft auf eine beschissene Urbanisierung hinaus
und das liebliche Landleben stirbt vor sich hin.
Keiner der Jüngeren kümmert sich um den Garten,
interessiert sich für Lehm oder Fachwerk.
Sie ziehen fort und tauschen ein beseeltes Heim
gegen eine kleine anonyme Bude in der Großstadt,

umgeben von gefälschten Abgaswerten,
Pseudo-Bio-Ernährung,
Technikwahn,
Tinder,
Leasing
oder Nachtclubs.

Auf dem Dorf zu leben, scheint nicht cool zu sein.

Ein Dorf mitten im Grünen ist
eben doch existenzieller als einem lieb ist.
Scheiß auf Schützenverein,
Spielmannszug oder Pfingstfest.
Auf dem Dorf ist man weniger Teil der modernen Welt,
das sollte man ertragen,
um diese moderne Welt als das zu enttarnen, was sie ist,
eine Entfremdung der Menschen von ihren Wurzeln.

Lieber pendeln als verkommen.

Der Welt den Kampf erklären

Der Plan schien simpel:
Einfach irgendwo fernab sich ein Zuhause aufbauen,
von welchem man der Welt den Kampf erklären konnte.
Ein Rückzugsort und gleichzeitig eine Stellung für die Angriffe.
Nun entpuppt sich jene Stellung als verlorener Posten.
Und es zeigt sich, dass jeder Kampf gegen die Welt aussichtslos ist.
Vielleicht wäre ich mit weniger besser dran?
Vielleicht gibt es aber auch gar nicht solch einen Ort,
weil es gar keinen Kampf gibt?
Aber wieso zieht es mich dann jeden Tag aufs Neue in den Krieg,
obgleich es mich nach Frieden sehnt?
Vermutlich gibt es keinen Ort, von welchem aus ich angreifen
kann,

weil ich Teil der Welt bin.
Es gibt kein Entkommen vor dem, was ist.
Das ist tröstend, aber auch eine Offenbarung der Verzweiflung,
eine Anerkennung eigener Machtlosigkeit.
Gibt es kein Gegen, gibt es auch kein Für,
alles ist eins,
und doch: Etwas in mir wehrt sich dagegen und will kämpfen,
will hinausschreien, aber auch einen Zufluchtsort haben,
will getragen sein, aber auch auf den Feind zuspringen
mit teuflischem Lachen und Todesmut.
Diese Welt wäre jeden verflixten Kampf wert,
denn Schlachtfelder gibt es unzählige.
Aber wie soll solch ein Kampf erfolgen,
wenn ich immer wieder aufbrechen will,
wobei ich gerade erst angekommen bin?
Es steht fest:
Es ist ein Kampf gegen mich,
um mich,
für mich
- und damit gegen, um und für die Welt;
ein Kampf im Inneren.
Aber Kampf heißt immer Gegensätze anzuerkennen,
Gegensätze, die im Hier und Jetzt gar nicht existieren.
Damit ist bewiesen: Ich bin verrückt,
weil ich Schlachtfelder sehe, wo es keine gibt.
Der Feind ist ein Phantom,
ich bin eines.

Diese Stille tötet

Eigentlich habe ich es hier gemütlich.
Ein Haus am See,
wirklich am See – keine 30 Sekunden entfernt.
Hinter dem See steht ein altes Schloss.
Im Winter ist der See gefroren,

man kann Schlittschuh laufen.
Im Sommer könnte man darin baden.
Keiner traut es sich, weil überall
die Dörfler aus den Fenstern gucken
und die Menschen Angst haben vorm Kopfschütteln.

Heute schlägt er kleine, regelmäßige Wellen,
dieser See,
die Sonne scheint auf ihn,
und ich sitze in einem alten Haus aus Lehm.
Dieser Tage tut der Lehm gut,
denn er kühlt – ist eben eine Erdhöhle.
Aber es ist still.
Diese Stille ist abartig,
wie Einzelhaft in einer schallisolierten Zelle ohne Fenster.
Im Haus ist es still
- davor auch.

Wer hätte gedacht, dass es diese Stille ist,
die ich erst unbedingt wollte und die mich jetzt
aufzufressen droht?
Ich muss hier weg.
Wieder in die Stadt,
wo Straßenbahnen, Autos,
Menschen verschiedenster Herkunft,
Vögel, Hunde, Baustellen, Kneipen,
Casinos, Einkaufshäuser, Krankenhäuser,
Universitäten, Puffs und Zoos mit Streichelgehege
mir das Gefühl geben, nicht allein zu sein,
wo die Sehnsucht nach Stille wächst,
es aber zum Glück nur Sehnsucht bleiben wird.
Hier jedenfalls tötet diese Stille.

Keine 20 Meter von meiner Haustür entfernt,
steht ein Hotel.
Es ist gut besucht, wenn auch nur auf
einer Etage Licht gebrannt hat.
Ich konnte in das Zimmer sehen.

Als ich eine Zigarette rauchte,
sah eine Frau aus dem Zimmer,
wo das Licht brannte.
Ich winkte ihr zu
und sie sah geschickt an mir vorbei,
erstarrte
und zog mit einem Ruck
die Gardine zu.

Das passiert mir jedes Mal,
wenn ich draußen stehe, eine rauche
und gegenüber Menschen im Hotel sind.
Sobald sie mich sehen,
ziehen sie die Gardinen zu,
manchmal schließen sie auch die Fenster.
Nie grüßen oder winken sie.
Sie ziehen nur die Gardinen zu.

Vielleicht dealen sie mit Drogen,
wollen nicht gesehen werden,
vielleicht drehen sie auch nur einen Porno,
vielleicht planen sie einen Anschlag,
vergiften Trinkwasser
oder sie drucken Falschgeld.

Meistens, und das sehe ich trotz der Gardinen,
essen sie, lesen sie oder gucken in den Fernseher.

Und trotzdem fühlen sie sich sonderbar bedroht,
nur weil ich in ihre Richtung gucke.

Ich habe bei mir keine Gardinen,
weil ich diesen Stoff im Fenster hasse.
Ich will hinaussehen
und hineinsehen darf jeder,
denn ich esse oder lese nur
oder gucke in den Fernseher.

Ich bin vom Volk der Sachsen

In ferner Zeit,
dichte Nebel binden der alten Wahrheit sachten Schein,
Moore und Sümpfe verbergen der Ahnen heil'ges Erbe,
kalte Felsen wachen über längst vergess'ne Götter,
dort, wo Gras gewachsen,
einst schon Menschen ihre Freude hatten.

Zwischen Bergen eingemauert,
über mir die schwarze Nacht,
thront noch höher der alte Weltenbaum,
Yggdrasil – der alte Stamm,
eint in sich neun Welten.

Was heute zertreten von tausend Füßen,
was verklebt mit Asphalt und Beton,
wo kein Geschöpf des Herrn mehr frei sein kann,
dort ruht das Erbe meines Volkes.

Eingebettet in grellem Hexenring,
scheint nur hier und dort der alte Pfad,
auf welchem Thüringer und Sachsen gingen,
auf welchem Sonne, Mond und Sterne Götter waren
und der Mensch nichts weiter als

ein Entstehen und Verfallen,
fest verwoben
durch den Faden der drei Nornen.

Ich bin vom Volk der Sachsen
und nicht mehr als alle ander'n auch.

Meine Pflicht als Vater

Als mein Sohn zur Welt kam,
wusste ich nichts über ihn oder sein Schicksal.
Ich freute mich, dieses kleine Bündel in Händen zu halten,
hatte aber auch Angst und ein Gefühl der Überforderung.

Er wird bald fünf Jahre und inzwischen weiß ich,
was es für mich heißt, Vater zu sein,
was es heißt, über ein Lebewesen zu wachen
und das eigene Leben immer wieder am Schicksal
eines kleinen Kindes zu messen.

Er weint sehr viel, fordert aber auch,
kann klar und deutlich sprechen,
er mag es, zu kuscheln
und gemeinsam mit mir einzuschlafen.
Er mag es, wenn ich ihm Geschichten vorlese
und wir hin und wieder den Kampf üben
oder mit Handpuppen oder Bausteinen spielen.
Er mag es, draußen vor meiner Tür zu spielen
und hilft mir beim Feuermachen am Ofen.

Lese ich die Nachrichten, von denen es viel zu viele gibt,
zweifle ich, ob diese Zeit gut genug für meinen Sohn ist:
die Menschen verrohen,
man tritt sich gegenseitig nach unten,
Schwächen werden schamlos ausgenutzt,

Mobbing ist überall Normalität,
Gewalt nimmt zu,
ständig lese ich von Morden durch Messer.
Seit 15 Jahren übe ich die Verteidigung gegen Messerangriffe
und ich würde noch immer krepieren, wenn ich ohne Waffe einem
Typen mit Messer gegenüberstehen würde.
Würde ich eine Waffe nutzen, dann müsste sie von mir hergestellt
werden und nicht den Anschein einer Waffe erregen, denn sonst
würde ich im Knast landen.
Das ist unsere Welt.

Unsere Welt ist auch die Vergiftung der Kinder von ihrer Geburt an
mit spaltenden Gedanken,
verseuchter Nahrung und einer Arbeitsmoral,
die an preußische Zeiten erinnert.
Wahrlich: Es sind schlimme Zeiten.

Dann blicke ich in die großen Augen meines Sohnes,
der nur im Kindergarten mit dieser Welt konfrontiert wird,
und ich weiß, was zu tun ist:
Ich muss ihm einen Panzer verleihen, der ihn beschützt vor der
Niedertracht der Menschen.
Ich muss ihm eine Nische bieten, einen Platz im Schatten, an dem
er gedeihen kann, ohne sich nach Licht zu sehnen, wo sich die
anderen drängeln.
Ich muss ihn stärken, dass er seinen Platz in dieser Welt finden
kann.
Ich muss ihm die Ehrfurcht vor der Schöpfung lehren,
die Liebe zur Reinheit der Natur,
zur eigenen Kreativität,
Mut zur Selbstentfaltung
und Beharrlichkeit.
Ich muss ihm die Schönheit des Grashalms zeigen,
ihm die Sprache der Felsen und Flüsse vermitteln.
Und ich muss dafür Sorge tragen, dass sein Panzer so stark ist,

dass er die Lieblichkeit seiner Seele schützt,
die es ihm möglich macht, die Wunder dieser Welt zu sehen,
auf dass sie in ihm ein Feuer entfachen,
das ihn immer wärmt
und ihm Anreiz ist, die Welt ein Stück besser zu machen.

Meine Pflicht als Vater ist es,
meinen Sohn zu einem friedvollen Krieger zu machen,
zu einem Wesen, das kämpfen kann,
um die Schönheit der Seele zu schützen,
um nicht unterzugehen im Sumpf
verderbter Menschlichkeit,
um aufzublühen dort, wo andere nicht hinsehen.

Pfefferminze, Basilikum und Ameisen

Bis eben war ich im Garten.
Seit gestern ist mir schwindelig,
jeder Knochen tut weh,
ich bin aufgequollen
und habe mich schon ewig nicht mehr rasiert.
Nachdem ich meinem Auto die letzten Lackspritzer verpasst habe,
ging ich also in den Garten.
Dort war es heiß.

Mit Spaten, Hacke und Harke habe ich die Masse des Unkrauts
bekämpft.
Ihr Name ist Legionen, denn sie sind viele.
Dann habe ich ausgepflanzt,
was schon monatelang in meiner Veranda steht:
Pfefferminze, Basilikum
und ein verdammtes Kraut aus China.
Warum?
Keine Ahnung!
Mein Leben ist sicher nicht besser,

wenn diese Pflanzen in der Erde sind.

Ich wühlte mich durch den Boden,
habe umgegraben, gehackt, geharkt, eingepflanzt,
gegossen.
Ein kleines Lächeln hat es mir doch abgerungen,
als ich sah, wie diese mickrigen Gestalten des Lebens
nun in Reih und Glied in meinem Garten stehen.

Erst später merkte ich, wie meine Arme brannten,
die Waden und mein Arsch.
Es war ein ekliges Brennen und Kneifen.
Hier und da krabbelten Ameisen über mich.
Dann sah ich nochmal in die Erde.
Ich habe einige Ameisennester aufgebrochen.
Wie Menschen in einer Großstadt,
krabbelten sie hektisch hin und her,
ohne Ziel, Hauptsache in Bewegung.
Mein Pech war, dass ich sie aufgewühlt habe.
Ob sie mich mit Absicht bissen?
Keine Ahnung!
Sie taten es, dafür, dass ich Pfefferminze,
Basilikum und ein verdammtes Kraut aus China
in die Erde gesetzt habe.

Schierker Feuerstein

Die Feuersteinklippe ist ein Wahrzeichen des kleinen Ortes
Schierke.
Es gibt in der Nähe eine Waldlichtung, von der man direkt zu der
Klippe gelangt.
Östlich oberhalb von Schierke findet man diesen Granitglotz.
Es ist kein Feuerstein.
Wollsackverwitterung und ein sogenanntes
orthogonales Kluftsystem sind Belege, dass es nur Granit sein

kann.

Es muss ein wunderbarer Ort sein,
mitten in der Natur,
sonderbar, mystisch
- wie fast jeder Fleck hier in der Nähe.

Ich kenne den Feuerstein nur durch die Flaschen.
Unter der Überschrift „Kräuter-Halb-Bitter"
ist eine Abbildung:
roter Hintergrund,
gold-brauner Fels.
Daneben: 35 % vol

Vielleicht fahre ich mal hin.

Sie hat nur von der Idylle des Landlebens gesprochen

Der Nachbarssohn hat im Mai geheiratet.
Er ist so alt wie ich.
Wir sehen uns nur selten
- zum Glück für uns beide.
Er hat etwas Liebliches an sich, was ich nur hassen kann.

Seine Frau aber, die ist heiß.
Blond, schöne helle blaue Augen,
stramme Schenkel
und ein Arsch, mit dem man Wallnüsse knacken könnte.

Irgendwann hat sie mal mit mir geredet.
Sie erzählte von der tollen Ruhe auf dem Land,
von Naturverbundenheit,
von den vielen Bäumen,
den Kühen, Pferden, Ziegen, Schafen
und davon, wie laut und unruhig die Stadt wäre.

Ich habe immer genickt,
hier und da auch mal verbal zugestimmt,
dabei dachte ich nur daran, wie es wohl wäre,
auf ihr zu liegen,
mein Bettlacken mit ihr zu zerwühlen,
ihr an den Haaren zu ziehen
oder sie zu fesseln.
Fast wichtiger war mir aber das Knebeln,
damit sie endlich aufhört,
von der Idylle des Landlebens zu erzählen.

Vor meinem Haus der Baum

Vor meinem Haus,
kurz vorm See
steht ein Baum.
Er ist groß:
hoch,
weit verzweigt
und voll an Blättern.
Vermutlich eine Eiche.
Ich habe keine Ahnung.
Der Stamm ist dick.
Seine Wurzeln
ragen sicher weit in die Erde.
Ich sehe ihn nahezu jeden Tag.
Im Frühling,
im Sommer,
im Herbst,
im Winter.
Er wandelt seine Gestalt,
lässt die Energie hindurch.
Mal ist er kahl und knöchern,
mal strotzen seine Äste und Zweige

- so wie in den letzten Sommertagen
dieses Jahres.
So wie ich ihn fast immer sehe,
so sieht er sicher auch mich.
Vielleicht sieht er auch,
wie ich mit den Zeiten
Wandlung bin.
Vielleicht freut er sich an mir,
wenn er mich
im Frühling,
im Sommer,
im Herbst
im Winter anschaut.
Wenn er mich sieht,
sehe ich ihn.
So einfach ist
das manchmal.

Ein Haus allein

Dieses Haus ist alt,
über 200 Jahre alt,
es ist ein Fachwerkhaus,
errichtet mit Fichten, Eichen und Lehm,
es ist groß,
fast 200 qm Wohnfläche,
alles verteilt auf 11 Zimmer.

Dann gibt es noch das Grundstück,
knapp 1000 qm,
zusätzlich eine Scheune,
aus demselben Baujahr wie das Haus,
und die hölzerne Verschalung hält seit der Bauzeit
die Witterung fern,
wehrt sich gegen Wind und Wetter,

und sollte doch etwas Nässe eindringen,
weht der Wind es trocken.

Nichts wurde verbaut,
nichts verschlimmschönert,
alles hält,
alles ist stabil.
Das Dach ist dicht,
der Stampflehm tut sein Übriges,
im Wohnhaus nicht anders:
Die alten Mauern tragen das Haus
durch die Zeiten,
sie tragen es durch Kriege,
Wirtschaftsnöte,
Trennungen,
Nachbarschaftsstreitereien
und den Klimawandel.

Es wird in 200 Jahren noch da sein,
garantiert,
genau wie die alte Scheune und die
Stützmauer, die aus Grauwacke gebaut ist
und die Erde vorm Abrutschen hindert.

Hier hat alles Bestand, weil
alles mit allem abgestimmt ist,
weil nichts irgendeiner Verordnung entspricht,
weil das Haus sagt, was es braucht.
Vielleicht ist das Gras ab und zu zu hoch,
oder vielleicht brennt zu lange das Licht
inmitten der Nacht, während das gesamte Dorf schläft
und nur ein Mann das Licht anlässt,
um die alten Mauern als etwas zu spüren,
was ihn vor existenzieller Einsamkeit schütze soll.

Operation Barbarossa war ein Fehlschlag
und die sechste Armee hat bedingungslos kapituliert
im Kessel von Stalingrad.

Die Regierung sucht den Abgrund,
die Kanzlerin sieht erst ein Fußballspiel,
ehe sie die Probleme der Regierung besprechen will.
Prioritäten eben!

„Unser Präsident" gab die letzten Trainertipps,
kein Wunder,
haben doch alle dieselben Berater, Sponsoren
und politische Linien. Überall dasselbe.

Wie einst im Bunker von Berlin,
wo rauschende Feste gefeiert worden, während
es draußen krachte,
bleibt man dieser Tradition treu
und wendet sich dem Fußball zu,
während Europa eskaliert
und die Regierung eine Gesellschaft einen muss,
die zerrütteter nicht sein kann.

Hauptsache die Kommunisten geben Tipps,
wie man schwarz-rot-goldene Fahnen an Autos abknicken kann.
Die Menschen wollen in dieser dunklen Zeit kein Fußballfieber,
leiden sie noch immer an Inkompetenzeritis der Herrscher.

„Die Mannschaft" bekennt sich zur Lage im Land, ihre Farben sind:
Dunkelgrau.
Bissel Grau.
Hellgrau.

Das Haus hier steht seit über 200 Jahren,
hat Geburten erlebt genau wie Todesfälle,
Geldnöte, Stürme, Regen,
es hat zwei Weltkriege überlebt,
ohne sich vom Platz zu rühren.
Es steht seit über 200 Jahren.

Wenn ich meine Hände in den Lehm tauche,
der seit 200 Jahren hier die Wände schmückt,
wenn ich den frischen Duft der nassen Erde inhaliere
und über das Stroh staune,
welches seit über 200 Jahren den Lehm zusammenhält,
dann knie ich vor Ehrfurcht in diesem alten Haus,
das seit über 200 Jahren hier steht.

Der Lehm hat eine dunkelbraune Farbe.
Heute habe ich mit diesem eine Decke verputzt,
mein Rücken knackt, die Muskeln schmerzen,
und am Ende des Tages ist mir klar:
Sowas ist heilig.

Es ist heilig, denn dieser Lehm
wird mich überleben,
das Haus wird hier stehen,
wenn ich schon lange gegangen bin.

Ein Haus aus Lehm,
dem Baustoff armer Leute,
und es steht seit über 200 Jahren.

Gipskarton, Gasbeton, Styropor,
Mineralwolle und was es alles an
modernem Firlefanz gibt,

nichts davon ist wie Lehm.
Nichts davon atmet wie Lehm,
bleibt wie Lehm
oder schützt das über 200 Jahre alte Holz
wie Lehm.

Drum tauche ich meine Hände in die nasse Erde,
spüre das Stroh, glaube, den Duft
vom alten Kuhmist zu riechen,
den die Bauleute einst nutzten,
wo man heute Armierungsgewebe nimmt
und alles mit Tapete zukleistert,
statt die pure gesunde Wand
jeden Tag atmen zu dürfen.

Knochenarbeit

Seit einigen Wochen ist er schon um neun abends müde,
dann legt er sich hin, lässt den Fernseher laufen,
steht dann nochmal auf, raucht eine,
legt sich hin – und irgendwann schläft er ein.
Er pennt auf einer Matratze im Wohnzimmer,
das Schlafzimmer ist ihm fremd geworden,
wobei das Bett weicher ist,
die Ruhe viel tiefer
und in der Ferne ein Wasserfall zu hören ist.

Dann steht er morgens auf,
isst etwas,
schreibt,
schreibt,
schreibt,
dann geht er nach oben,
schiebt eine Plane zur Seite
und haut Lehm an die Wände.

Im ganzen Haus riecht es wie nach
einem warmen Sommerregen.

Die Wände stehen, der Putz hält,
alles ist dreckig,
Schutt liegt überall,
aus den Wänden starren
Stromleitungen kalt und fest
wie die Augen einer
getöteten Forelle.

Er macht weiter, Tag ein, Tag aus:
Schreiben,
Essen,
Wandaufbau,
mal in der Reihenfolge,
mal in einer anderen.

Wandaufbau,
Lehm,
Wasser,
Stroh,
Sand,

und am Ende steht der Verkauf.

Allzu Unmenschliches - Göttliches

Kinski schreit die Welt an,
Beuys trägt eine Anglerweste und erklärt dem toten Hasen die
Bilder,
Austin Osman Spare onaniert auf seine Leinwand,
von der unmöglichen Möglichkeit, das Sein zu sein.

Billy the Kid wird in Fort Sumner erschossen,
Werner Gladow wird als Dieb und Mörder von Mördern
hingerichtet,
Friedrich August Weineck stirbt sofort durch eine rote Kugel,
von der unmöglichen Möglichkeit, das Sein zu sein.

Ted Bundy tötet und fickt Frauen,
Seine Heiligkeit lässt Kinder vögeln,
Schneewittchen krepiert am Bio-Apfel,
von der unmöglichen Möglichkeit, das Sein zu sein.

Aleister Crowley wird wahnsinnig in der Gummizelle,
Roman Polański fängt was mit einer Minderjährigen an,
Christa Lehmann bringt Mord in Serie,
von der unmöglichen Möglichkeit, das Sein zu sein.

Kurt probiert seine Schrotflinte an sich selber aus,
Jimi testet seine eigene Kotze und stirbt dabei,
Ragnar küsst Schlangen und wird von ihnen verschlungen,
von der unmöglichen Möglichkeit, das Sein zu sein.

Der unbekannte Soldat verreckt am Vaterland,
das Kind stirbt bleich im Badebecken,
der Seher schläft auf einer Bank im Irrenhaus,
von der unmöglichen Möglichkeit, das Sein zu sein.

Kierkegaard geht an sich selbst zugrunde,
Jesus an seinem Vater,
der Vater an seinem Sohn,
von der unmöglichen Möglichkeit, das Sein zu sein.

Sie atmen,
mal hier, mal dort,
mal rasend schnell,
mal flach und still.

Diese kaputten Geister,
diese Narren,
diese Teufel,
diese Götter,
die das Unmögliche möglich machen,
am Möglichen scheitern und uns
in Angst und Hoffnung hinter sich lassen.

Bildung – Totenkopf mit Narrenkappe

Er war einer derer, die die Schulbank drückten.
Gelernt hat er nichts.
Zum Teufel mit dem, was Wissen genannt wird,
Wissen, aber gewiss kein Leben.
Er hasste die Lehrer und seine Mitschüler,
vermutlich auch sich selbst.

Konnte man es ihm übel nehmen?
Er war der Underdog, der Außenseiter, der Freak,
der, der eben anders war
und keine Zuflucht fand in einer Gesellschaft voller Strichcodes.
Ein Zwerg, der die Welt von unten nach oben sehen konnte
und nicht, wie seit Jahrtausenden von oben nach unten.

Das konnte keiner um ihn herum verstehen.
Er saß also in der Falle.
7:30 Unterrichtsbeginn,
unnützes, dreckiges, verkommenes, korruptes Wissen eintrichtern,
dann Pause, Hänseleien und Sticheleien erdulden,
dann wieder Unterricht.

Die anderen waren konform, konnten sich hervorragend anpassen.
Sie lernten schnell nach unten zu treten und nach oben zu lecken.
Alle haben sie Ärsche geleckt – irgendwo stand immer einer bereit,
der geleckt werden wollte.

Das Schlimmste war: Er hätte auch gerne einen Arsch geleckt.
Er kam nur nie dazu, denn bei ihm zogen sie sich die Hosen hoch.
Er sollte also gar nicht erst auf den Geschmack kommen.
So blieb er immer nur am Rand.

Was blieb den anderen übrig, als den, der anders war,
auszugrenzen?
In einer Gesellschaft, in der es zur Normalität gehört,
das Anderssein absterben, verkümmern oder entarten zu lassen,
gibt es keinen Weg, keine Erleuchtung – nur Krankheit.
Wer noch halbwegs beisammen ist, soll krank gemacht werden.
Will er gesund bleiben, gilt er schlicht als krank.
Und so geht es weiter – bis jeder einzelne krepiert ist.

Die Schule aber, das war der Ort, von welchem sich die Seuche
ausbreitete.
Er und alle anderen sollten lernen, ruhig zu sitzen, 6, 8, manchmal
10 Stunden,
zuhören, Antwort geben,
und immer nur Nachplappern, was frustrierte und von der
Normalität hochinfizierte Männer und Frauen an die Tafel gemalt
haben.
Die hatten schon keine Nerven für die Normalen, dann erst recht

nicht für ihn.

Er blieb immer der Zwerg unter den Riesen.
Irgendwann gelang es ihm, den monströsen Schritten der Riesen
zu entkommen,
er schuf sich seine Welt und lebte doch mit ihnen zusammen.
Vielleicht hatte er es der Bildung zu verdanken.
Ganz sicher! Denn durch sie wusste er, dass er niemals groß
werden wollte.

Der Underdog

Es war aussichtslos.
Die Quote lag bei 10.
Der pure Außenseiter.
Auf den Favoriten setzten alle.
Also bloß nicht noch einer, der auf diesen Witzbold setzte.
Der Underdog musste das Rennen machen und
aus 50 Kröten 500 machen.
Abzüglich des Einsatzes, wäre es ein satter Gewinn von 450
Moneten.
Das klang gut.

Der Außenseiter sah kümmerlich aus.
Vielleicht trug er nur eine Maske zur Täuschung,
vielleicht rannte er später an allen vorbei.

Fehlanzeige.
Der Underog blieb seiner Linie treu.
Er wurde Letzter
und ein armer Trottel hat 50 Unken verloren.

Es ist immer dasselbe,
aber die Wette war genial.

Ich lebe seit genau einem Jahr in einem Dorf.
Es liegt ca. 500 m hoch in einem Mittelgebirge.
Die Natur hier ist fabelhaft.
Fichtenwälder und Felsen wechseln sich mit Seen,
Flüssen und Stauseen ab.
Der Mensch ist hier bemüht, alles touristisch zu erschließen:
Wanderwege, adrenalinausstoßende Events,
Eintrittskarten, Asphalt, Holzstatuen,
alles läuft auf Hexen hinaus.

In meinem 1000-Einwohner-Kaff läuft fast täglich eine alte Frau
vorbei,
Hornbrille, Krückstock, beiger Rock, Bluse.
Immer ein Lachen im Gesicht.
Sie lebt allein,
Ihr Mann starb vor gut 15 Jahren.
Seitdem wohnt sie ohne andere Menschen in einem
über 200 Jahre alten Fachwerkhaus.
Wenn sie an meinem Haus vorbeigeht, winkt sie mir zu.
Immer wieder,
Egal, ob ich gerade angetüdelt bin oder nüchtern,
sie winkt und freut sich, mich zu sehen.
Selten wechseln wir Worte miteinander.

Dann sagt sie mir aber, dass ich alles hätte, um glücklich zu sein:
ein schönes Haus, ein großes Grundstück, eine Frau und ein Kind.
Sie hat noch nicht verstanden, dass Frau und Kind nicht bei mir
wohnen.
Vielleicht ist es ihr auch egal. Sie lächelt ja immer fort.
Neulich ging sie im Platzregen an mir vorbei.
Ich stand vor der Tür und habe geraucht.
Sie winkte von der anderen Seite der Straße
und rief mir zu: „Ist das nicht ein herrliches Wetter?"

Klatschnass trappte sie an ihrer Krücke weiter zu ihrem Haus.

Diese Hurensöhne

Gelegentlich esse und trinke ich an einem Imbiss.
Man kennt mich dort.
Die Frau mit den schiefen Zähnen,
den gelockten Haaren
und der furchtbar unpassenden Kleidung
sagt jedes Mal zu mir: „Na, mein Schöner."
Obwohl ich sie keineswegs attraktiv finde,
fühle ich mich geschmeichelt.
Immerhin füttert sie mich.

Doch neben ihr gibt es dort noch andere Menschen,
alte Menschen,
sehr alte Männer,
die bereits gegen 7 Uhr ihr erstes Bier
bei der Frau bestellen und austrinken.

Der Schuppen ist nicht größer als
drei oder vier Dixiklos.
Drinnen wird geraucht,
gesoffen, gelacht,
geklagt,
beschwert,
gefurzt.

„Früher war alles besser.",
ist noch das Harmloseste
an Stammtischparolen,
die dort durch den Raum geworfen
und von den Wänden zurückgefedert werden.

Der Geruch, diese Mischung

aus Fritteuse, Zigaretten,
Alkohol, Schweiß
und instinktiver Ablehnung
dessen, was man Gesellschaft nennt,
hat es in sich.

Das Scheißhaus ist auf DDR-Niveau.
Zum Spülen muss ich jedes Mal
an einer Kette ziehen.

Manchmal spielen die Typen Skat,
meistens beschweren sie sich
über Beziehungen, Rente,
Politik und Wirtschaft
- diese Profis.
Und doch lausche ich jedes Mal ihren Worten,
so verdorben, abgründig, pervers,
sinnentstellt, engstirnig
oder lüstern sie sein mögen.

Diese verdammten Hurensöhne
haben etwas an sich, was ich zu tiefst Bewundere,
etwas, wo vermutlich alle anderen vorbeigehen würden,
sich die Nase zu halten würden,
weggucken würden
oder sogar sagen würden: „Da sind nur Assis!"

Diese Säufer, Kettenraucher,
Dummschwätzer,
ich sehe in ihnen
den Schatten unserer Welt
und ich liebe diesen Schatten.

Gestern war ich bei einer Frau.
Sie sollte mich beraten.
Sie staunte aber erst ewig über meine Karre
und spekulierte, wie viel ich wohl für das Ding bezahlt hätte:
30.000 oder doch 40.000 – sie wusste es nicht,
Ihre Kinnlade ist in ihren Schoß gekrochen,
als ich ihr sagte, dass mich mein Wagen
noch nicht mal 5 Riesen gekostet hat.
So viel dazu, dass Besitz keine Rolle spielt.
So viel auch dazu, dass diese Frau keine Ahnung
von Autos hat.

Dann saß ich in ihrem Büro.
Dieses befindet sich in einer riesigen Stadtvilla.
Die gehört ihrem Mann und ihr.
Scheinen also erfolgreich zu sein
- zumindest soll die Bude über eine Million Euro kosten.
Immerhin.
Aber mein Auto hätte ja auch einen Wert von über 30.000.

Dann beriet sie mich zu meinem Anliegen:
Finanzierung einer Immobilie.

„Was sind Sie?"
- „Wie meinen?"
„Was machen Sie beruflich?"
„Ach so. Ja. Ich bin Schriftsteller."

Ihre Augen wurden erst gigantisch groß,
dann klein und schlitzig. Sie sagte nur:
„Und davon kann man leben?"
- „Sterben zumindest nicht."
Ein erzwungenes Lachen, beidseitig.

Dann hat sie mich ausgehorcht:
Gewinn,
Verlust,
Bilanzen, Steuer,
Versicherungen,
Unterhalt,
Nahrung.

Nach Kippen und Drinks hat sie nicht gefragt;
aktuell meine größten Betriebsausgaben.

In einem der vielen Zimmer guckte ihr Sohn Fernsehen.
Gerne hätte ich mit ihm getauscht,
aber ich habe mich freiwillig zu dieser Frau begeben,
er nicht.

Dann hat sie alles in ihren Computer getippt
und nachgesehen, welche Banken mir Kredite geben könnten.
Viele waren es nicht,
denn ich habe kein Gehalt, das man pfänden könnte.
Ist das nicht eine nette Ansage?

Aber zwei, drei Banken hätten zumindest eine Option für mich:
Kredite über 60.000 bis 80.000 € bei längerer Laufzeit
und 15 Jahre Soll-Zins-Bindung.

Alles in allem war die Frau attraktiv
mit ihrer arroganten, voreingenommenen Haltung
und ihrem Bemühen, mir helfen zu wollen.

Ich ging dann irgendwann raus,
setzte mich in meinen 30.000-Benz
und fuhr in den Wald.

Ganzjahresfasching –

oder: warum ich die schwarze Szene nur betrunken besuchen kann

Seitjeher hatte ich Kontakte zu den Ausgegrenzten und denen, die
am Rand der Gesellschaft lebten:
zu Pennern, fundamentalen Christen, Punks,
Arbeitslosen, Ökos, Aussteigern, Kleinkünstlern,
Frauen, die leicht zu haben waren,
und auch zu anderen Schriftstellern.
Es sollten niemals zwei oder drei Schriftsteller in einem Raum sein;
Sowas ruft nach Mexican Standoff.
Jedes Mal.

Auch zu der schwarzen Szene hatte ich hier und da Kontakte.
Die meisten mehr lose als alles andere.
Die schwarzgekleideten und weißgeschminkten Frauen waren
einfach heiß.
Ihre Ausstrahlung vom Düsteren, vom Tod und von
Introvertiertheit hat mich angemacht.
Unglücklicherweise wollte ich dazugehören, ohne mich so kleiden
zu müssen.
Je mehr ich mit diesen Goths sprach, desto mehr musste ich
trinken,
um wenigstens nicken zu können,
während sie ihr pseudo-philosophisches Gelaber abließen.

Diese Leute, Männer wie Frauen,
fühlten sich exklusiv
und waren nichts weiter als arrogante, selbstverliebte
Bastarde.
Im Grunde wie die meisten Schriftsteller,
nur zum Ganzjahresfasching bereit, mit weniger Akzeptanz
anderen gegenüber

und mit einem erhöhten Verlangen, sich immer wieder als Künstler
zu verstehen,
auch wenn die meisten Klempner, Zimmerleute, Friseure,
Buchhalter, Versicherungsvertreter waren.
Der Drang, sich als kreative Wesen zu interpretieren, überstieg
immer das Reale,
wurde surreal, so dass ich trinken musste, um das Level zu
erreichen, was die schon nüchtern erklommen hatten.

Als sie dann erfahren haben,
dass ich eine Art Schriftsteller bin, also tatsächlich Künstler laut
Steuererklärung und Sozialversicherung,
machten sie einen Bogen um mich.
Ich wurde ausgegrenzt von jenen,
die mit ihrer Andersartigkeit tolerant sein wollten
und sie für sich einforderten.

Vielleicht hatten sie Angst,
dass ich sie enttarnen könnte oder sie sich selbst,
vielleicht war ich auch nur unbequem,
alkoholisiert
oder einfach uninteressant für eine Szene,
in der jeder was Besonderes sein will.

Ich hatte es nicht nötig, über das zu labern,
was dort als Halbbildung kursierte:
Die erhabenen Diskurse aus einer düsteren Sicht
mit einem Hang zum Egozentrismus und,
anders als es Joseph Beuys meinte,
immer mit dem faden Beigeschmack,
dass man doch ach so ein Künstler sei.

Drauf geschissen.
Wer Kunst macht, braucht nicht ständig labern,
ein Künstler zu sein.

Er tut, was er tun muss und fragt sich nicht,
ob andere ihn als Künstler wahrnehmen.
Und sollte doch einmal diese Frage aufkommen,
greift er zur Flasche und amüsiert sich über jene,
die sich schwarz kleiden,
im Grunde aber genau wie alle anderen sind.
Da nützt keine Schminke mehr, um darüber hinwegtäuschen zu
können.

In Halle saß ich neben Pennern

In meiner Heimatstadt ist der Marktplatz wunderschön.
Er ist nicht sonderlich groß,
das Rathaus ist ein hässlicher Blockbau,
der Vorgänger wurde im Krieg zerbombt,
der Rote Turm wurde aufgebaut.
Es gibt am Markt fünf Türme,
die Ulrichskirche ist nicht weit entfernt.
Trotzdem ein schöner Ort.

Als ich noch Teil einer belesenen Einrichtung war,
ein nörgelndes Rädchen im Apparat der Wissenschaft,
ein Theologiestudent,
habe ich es mir angewöhnt,
auf dem Markt nach den Pennern zu suchen.
Habe ich einen gefunden,
habe ich mich neben ihn gesetzt.

Die meisten waren gastfreundlich,
haben mich neben sich sitzen lassen.
Andere sind aufgestanden und gegangen.
Die meisten aber blieben neben mir.
Wir schwiegen.
Der Dunst von Teer, Alkohol, Schweiß,
Blut und Verzweiflung drang in mich.

Ich blieb aber sitzen.
Manchmal redete ich mit ihnen.
Ich stellte Fragen und erhielt
stotternde Antworten,
brüchiges Deutsch
und Lebenserfahrung.

Diese Penner, die Assis,
die Pickel am Arsch der Gesellschaft,
die Versager,
die Randexistenzen,
die Underdogs,
von ihnen fühlte ich mich angezogen.
Ich konnte ihnen kein Geld geben.
Manchmal kaufte ich ein Brötchen und gab es ihnen.
Ihre Augen funkelten dann meistens,
wohl eher wegen dieser Geste
als wegen eines trockenen und überteuerten Brötchens.

Da saß ich nun auf meinen Hin- und Rückwegen von Vorlesungen.
An uns schritt die Welt vorbei:
die nach Konsum trachtende Masse,
die sogenannten Intellektuellen,
die, die glaubten, was Besseres zu sein,
die uns abwertende Blicke zuwarfen.
Ich sah dann meist beschämt weg,
die Penner störte es nicht mehr.
Sie waren an diese Blicke gewöhnt und waren vermutlich froh,
dass es nur bei Blicken blieb.
Manchmal wurden sie nämlich auch beschimpft oder vertrieben.
Dabei saßen sie nur auf dem Markt.

Auf den Kanzeln der Kirchen standen sonntags die Pfaffen,
die Audi, BMW oder Benz fuhren, die von Nächstenliebe redeten,
von Demut, vom ach so tollen Himmelreich,

manchmal auch von der Herrlichkeit der Armut.
Am Pult der Universitäten standen die anderen Priester,
die, die Armut und Penner in lächerlichen Statistiken
oder sozialwissenschaftlichen Theorien analysierten.

Auf dem Markt gingen sie immer an uns vorbei.
Irgendwann fragte mich eine Professorin der Theologie,
wieso ich immer dort sitzen würde.
Was sollte ich darauf sagen,
wenn sie es selbst nicht wusste?
Sie trug Nerz und liebte die Selbstinszenierung.
Sie hätte sich wohl nie neben die Penner gesetzt.

Irgendwann waren wir dann zum Gottesdienst in der Kirche,
in die ich seit Geburt zwangseingewiesen wurde.
Einer der Penner war auch da.
Nachdem die Betfrömmelei vorbei war und sich jeder als
besonders guter Christ fühlen durfte,
kam der Penner zu mir und drückte mich.
Hinter seinen Falten zeigte er ein Lachen.
An der Professorin ging er vorbei.
Sie erkannte er nicht.

Kackfressen mit Mikro

Überall kommen sie aus der Versenkung,
diese Player, Macher, Motivatoren, Speaker,
Trainer, Coaches und wie sie sich noch schimpfen.
Auf hell beleuchteten Bühnen stehen sie;
vor ihnen eine stumme Masse,
die bereitwillig Geld bezahlt,
um diesen Wanzen ihre Selbstdarstellung zu lassen.

Dann stehen sie da oben,
haben eine Präsentation,

einen Impulsvortrag
oder sonst was vorbereitet.
Und dann machen sie schon ihr Mundwerk auf.

Binsenweisheit, rhetorische Fragen
und unendlich viele flachgewichste Floskeln,
wie man glücklicher, freier, selbstbestimmter werden kann,
wie man mehr Neukunden gewinnt,
Personal rekrutiert,
ordentlich investiert,
wie man gesünder wird,
wie man seine Partnerschaft aufpeppt,
wie man für jeden Mist gerne Geld bezahlt,
nur um die Quacksalber reden zu hören.

Und die kriegen ihr Geld,
immer,
für jeden Vortrag,
für jedes Seminar,
für jeden unsinnigen Satz,
den sie als Lebensweisheit
auf dem Flohmarkt verscherbeln.

Ich habe sie so satt,
diese anzugtragenden,
mikrofonsprechenden
Powerpointmeister
und
Wunderheiler.

„Jeder kann es schaffen.“
Das ist ihr Leitsatz,
damit die stumme Masse
das Geld für ihre Ablassbriefe rausrückt.
Es stimmt: „Jeder kann es schaffen.“

Aber eben nicht alle.
Das sagen sie nie.
Dabei ist das die einzige Wahrheit,
die sie aussprechen sollten.

Verkaufstrainer,
Personalfuzies,
Lebensberater,
diese ganze Soße
ist dermaßen infantil,
dass es einfacher ist,
eine Kuh von hinten zu nehmen,
als diesen Leuten bis zum Ende zuzuhören.

Wenn die Leute auf der Bühne schon
fragwürdig sind,
wie erbärmlich müssen erst die Zuhörer sein?
Die glauben ernsthaft,
sündhaft viel Geld für einen
Schauspielabend auszugeben,
würde irgendetwas in ihrem Leben ändern.

Und wenn sie dann rufen:
„Das funktioniert." oder
„Endlich weiß ich, was ich tun muss.",
dann ist das nichts weiter,
als eine Bestätigung dafür,
dass es gut und richtig war,
das Geld an diese Redner abzutreten.
Das ist nichts weiter als Ablass
und die Masse
klatscht,
klatscht und
klatscht.

Er war einsam,
drogensüchtig,
hatte eine verrückte Frau
und ein tolles Kind.
Er war reich,
die halbe Welt hörte seine Musik.
Grund genug, sich eine Kugel zu geben.
Das tat er ohne großes Aufsehen,
vielmehr mit Demut und der tiefen Gewissheit,
das Richtige zu tun.
Ob er wusste, was er seinem Kind damit antun würde?

Che Guevara kämpfte für eine gerechte Welt
- zumindest für eine Ideologie, die eine gerechte Welt vorsah.
Am Ende stand er alleine da.
Ein Verrückter!
Che Guevara wurde erschossen.
Mehrere Kugeln zerfetzten seinen Körper.
Er wurde aufgebahrt,
seine Hände abgeschlagen.
Ob er wusste, was er seinem Kind damit antun würde?

Jack the Ripper tötete aus Verlangen,
er richtete die Dirnen in Whitechapel auf offener Straße hin.
Sie starrten noch verrückt in sein Gesicht,
ehe er sie ausweidete und ihre Organe verspeiste.
Ein Engländer als Täter – unmöglich?
Ob er weiß, was er den Kindern dieser Frauen angetan hat?

Und dann die Bonzen von heute,
die Waffenindustriellen, die Politiker, die Hetzer, die Prediger,
sie töten mit Wort, Unterschrift und Waffe,
sie foltern, richten hin,

drangsalieren, vergewaltigen, brandschatzen,
vernichten das ganze Menschliche auf unserer Welt.
Ob sie wissen, was sie allen unseren Kindern damit antun?

Müllfahrer und Coach

Ich verdiene mein Geld damit,
dass ich für andere Menschen Texte schreibe.
Bisher ist es mir nicht vergönnt,
von meinen eigenen Binsenweisheiten zu leben.
Also mache ich mich zur Hure
und sauge denen die Weisheiten heraus,
die irgendwo mit irgendwas Experten sind.
Das klappt ganz gut,
aber es stehen schwere Zeiten bevor,
unruhige, von Finanzämtern und
Versicherungen dominierte Zeiten.
Großartig vorbereiten kann ich mich nicht.
Ich weiß, was verdient werden muss
und wo ich mehr oder weniger stehe.

In Kürze soll ein Projekt starten:
Ein Buch für einen weltweitbekannten Coach
und Unternehmenschef.
Er gibt mir Interviews
und ich soll ein Buch drausmachen.
Inzwischen kann ich das sehr gut
und immer mehr Leute,
die im Hamsterrad schon weiter sind als ich,
kommen auf mich zu.

Vermutlich interessiert sie mein Leben nicht,
denn es geht ja nur um ihres.
Besagter Coach, mehrfacher Millionär,
will ein Buch über seinen Erfolg,

seinen Werdegang,
seine Kampfparolen, seine Mantras,
Visualisierungen, Emotionen,
Kämpfe, Siege, Niederlagen,
Vorlieben, Enttäuschungen.
Alles soll auf eine einzige Weisheit hinauslaufen,
die inzwischen in jedem Buch zu finden ist,
das den Leuten sagt, wie sie erfolgreich sein können:
Du musst an dich glauben und deinen Erfolg sehen.

Klingt einfach, oder?

Oft glaube ich diese Binsenweisheiten selber
und erfreue mich dem bunten Treiben in meinem Kopf,
wenn ich mir ausmale, was für ein berühmter oder reicher
Schreiber
ich doch geworden bin.
Täglich trudeln Tantiemen-Schecks ein,
es gibt Anfragen von Filmproduzenten
und meine Werke werden in zig Sprachen übersetzt.

Das alles stelle ich mir vor und laut des Coaches
muss ich nur weiter fest daran glauben.
Natürlich auch Einiges tun.
Sicher nicht verkehrt!
Aber ich glaube dann doch fester an die Kugel, die mein Herz
zerfetzt,
an den Strick, der meinen Nacken brechen lässt,
an die Giftspritze, die mir einen schockartigen Tod verleiht.
Ich glaube an alles und an nichts.

Dann ist das noch die Müllabfuhr.
Morgen holen die Männer in Orange
Papiermüll,
Plastikmüll und

Haushaltsmüll.

Es regnet und morgen wird es auch nicht besser sein.
Während der Coach dann in seinem gläsernen Büro
den Urlaub in die Südsee plant, im Firmenauto zu Meetings fährt
oder als sogenannter Speaker noch einen Zusatzverdienst
hereinzaubert,
räumen diese Männer in Orange meinen Müll weg,
Müll, für den ich verantwortlich bin.
Sie wissen nicht, dass es diesen Coach gibt
oder dass ich bald ein Buch für ihn schreiben werde.
Sie wissen vielleicht auch nichts von der Glücksformel
oder vom Traum eines erfolgreichen Lebens.
Sie tun einfach das, was sie tun müssen,
um über die Runden zu kommen;
diese Typen sind tollkühne Hunde,
einfache Arbeiter,
Proleten,
Müllfahrer.

Niemand will ein Buch von einem Müllfahrer.

Pennermode

Bunte Kleider, kurze Röcke,
Schirm und lange Stöcke,
Tangas, Boxershorts,
Jeans, Totenköpfe,
Glitzerfummel,
Turnschuhe und Jogginghosen,
Pommes und Cola-Dosen,
Lederjacke, Lippenstift,
Wimperntusche, Rasierschaum,
die Haut bitte schön braun,
der Bizeps fest gespannt,

Waschbrettbauch,
Schlafzimmerblick und Flüsterhauch,
Audi, BMW oder Benz,
neuerdings auch Porsche,
iPhone 4, 5 und 666,
Flatscreens, Piercings,
Tattoos,
Smoothies, Veganismus,
Billigfleisch und Markengrill,
Fitnesskarte und Popmusik,
all das – das ist Krieg.

In Frieden ist der Penner,
ist kein Renner,
will auch keiner sein,
ist frei vom Zwang,
geht seinen Gang
- der Penner.

Verrückt – für immer

Bin angetüdelt und schreibe
Buchstaben, Wörter, Sätze,
Verse, Absätze um 10 Uhr 54 abends.

Könnte ich doch bloß ein einziges Mal,
ein einziges Mal nur
zurück ins Paradies.

Betrunken sitze ich hier und
schreibe Gedichte: 2, 3, 4, 69
- um 10 Uhr 55 abends.

Manch einer sagt, ich sei gescheit,
viel heller als andere Kerle.

Warum sitze ich dann hier?
Alleine,
betrunken und Gedichte schreibend
um 10 Uhr 58 abends?

Ich bin so irre wie schon immer.
Sie raffen nicht, dass ich kopfüber
an meiner Wohnzimmerlampe hänge
und nie aufgehört habe.

Auch jetzt, während ich
sitze und schreibe,
da hänge ich an den Füßen aufgeknüpft
an meiner Lampe – vielleicht etwas höher als früher.

Das Gefühl ist dasselbe:
notwendig, verbissen, bitter,
ganz und gar nicht gescheit.

Während ich hier sitze,
angetüdelt und Gedichte schreibe
um 11 Uhr 03 abends.

Was Armbanduhren mit antiker Sklaverei zu tun haben

Einer meiner Geschichtsprofessoren erzählte uns eine Anekdote.
Es ging um das Römische Reich und
eine Unterhaltung von zwei Senatoren.
Der eine, vermutlich ein fettgefressener
mit Anzug und Krawatte, hatte die Idee,
alle Sklaven durch Bänder kenntlich zu machen.
Dann könne man gleich sehen,
wer Sklave sei und wer nicht.

Der andere Senator, noch fetter,
dafür ohne Anzug und Krawatte, empörte sich:
„Dann sehen auch die Sklaven
wer alles Sklave ist.
Dann wissen sie, wie viele sie sind.
Das geht gar nicht!"

Tja, so war das damals.
Und heute?
Heute hat jeder Sklave solch ein Bändchen.
Die meisten tragen es links
und gucken zu jeder vollen Stunde drauf.

Manche sind so angetan von dem Ding,
dass sie nen Haufen Geld hinlegen,
nur um ein diamantenes Bändchen zu kriegen,
eine Rolex, die den anderen Sklaven ins Gesicht schreit:
„Seht her! Mein Träger ist ein echter Sklave."

Und von der Antike über Rolex lande ich beim Dichterfürsten:
Der Geheime Legationsrat stellte so treffend fest:
„Niemand ist mehr Sklave, als der sich für frei hält, ohne es zu
sein."

Wenn der Pöbel Steine schmeißt

Er war durch und durch eine linke Socke,
zwar kein Verehrer von Marx und Engels,
aber das kleinbürgerliche Milieu der sogenannten Konservativen,
das hasste er wie der Teufel das Weihwasser.
Er sympathisierte mit den Gedanken Che Guevaras
und hörte gerne linke Lieder.

Wer hätte gedacht, dass er früher ein rechtes Schwein war?
Da war nichts vom Klassenkampf zu hören bei ihm.

Er redete von Rasse, Volksgemeinschaft, nationaler Stärke.
Er hatte Angst vorm Fremden, fühlte sich bedroht.
Zeigte der Fernseher ein schwules Paar,
verkrampfte sich alles in ihm – er war auch homophob.
Gott schütze das christliche Abendland.
Dass dieser Gott aus Israel kommt, schien er vergessen zu haben.

Vielleicht war es aber auch dieser Gott,
der ihm einen neuen Weg öffnete,
einen, der frei war von Hass, Abneigung, Ekel, blinder Wut
und sinnlosen Gemeinschaftsfloskeln.
Vielleicht waren es aber auch die alten Götter, Lebenserfahrung
oder die zahlreichen Philosophen, die er gelesen hatte?!

Mit seiner Abkehr von dem israelischen Gott,
dessen Sohn für ihn noch immer Vorbild und Licht ist,
sah er auch die Welt anders. Alle waren und sind eins
- Menschen.
Keine Gewalt, sehr wohl aber Widerstand gegen Ungerechtigkeit,
Unterdrückung, Verblödung und Versklavung.

Im Zweifel links – denn rechts bedeutet immer Krieg und
Zerstörung.
Seit den letzten Nächten ist auch diese Gewissheit geopfert
worden.
Sogenannte „Linke" haben sich in Faschisten verwandelt,
in das, was sie vermutlich selber nie sein wollten,
aber sie waren es fortan.
Sie marschierten wie die SA durch die Straßen,
sie schlugen zu wie die SS und verteufelten alles, was nicht das
ihrige war.
Gibt es eine bessere Definition für Faschismus?
Vermutlich nicht.
Er schämte sich für die Krawalle von links und wusste:
Er kann nicht links oder rechts sein,

sondern nur er selbst.

Der Mann mit dem viel zu großen Portemonnaie

Heute Morgen war ich in einer Werkstatt,
der Geruch von Motoröl, Benzin und Kühlwasser
liegt noch immer in meiner Nase wie der Geruch
des Geldes eines Mannes,
dessen Portemonnaie viel zu groß war.

Er stand an der Kasse vor mir.
Anzug,
Gel im Haar als Ersatz für die Königskrone,
Brille,
rasiert,
groß,
im Gang aber sehr steif,
fast schon unbeweglich.

Der Kassierer blickte ihn lange an,
ehe er auf die Idee kam,
die Leistungen abzurechnen.
Den Mann störte es nicht,
denn er war die ganze Zeit damit beschäftigt,
in seinem Portemonnaie herumzufingern
und dabei seine goldglänzende Armbanduhr
immer wieder zurückzuschieben.

Da stand er nun und sein Portemonnaie
entpuppte sich fast schon zu einer Neurose.
Er wühlte, suchte, kramte, steckte.
Dann kam er ans Geld.

Die Rechnung belief sich auf über 1000 Euro.
Er legte es dem Kassierer bar auf den Tisch,

der nun nicht mehr schweigend diesen Mann mit Anzug und
Krawatte anstarrte,
sondern seinen Blick von den vielen Scheinen fangen ließ.

Danach war ich an der Reihe:
Ein Energy Drink, mit Pfand 2,29 €.
Ich wühlte, suchte, kramte, steckte,
und bekam noch Geld zurück.

Die Freaks, die Außenseiter, die Spinner

Es war schon eine Weile her,
dass ich das letzte Mal in dem Imbiss einer Kleinstadt war,
in welchem ein Mega-Cheeseburger 3,50 kostet
und es innen und außen gefüllt ist mit
Pennern,
Säufern,
Kettenrauchern,
Stammtischrednern,
Behinderten,
Armen,
Frustrierten,
Enttäuschten,
Verwahrlosten.

Gegenüber stehen Geschäfte,
viele leer,
die anderen unbedeutend.

Das Essen ist gut,
die Gesellschaft friedlich.

Immer wieder kommen sogenannte
Normalbürger vorbei,
die meisten gucken betroffen auf den gepflasterten Fußweg,

andere starren ungläubig in den Eingang und
meiden jede Regung.
Manchmal ist ein spöttisches Lachen zu hören.

Vielleicht verbirgt sich hinter dem Grinsen:
„Solche Assis! Das ist erbärmlich. Widerlich.
Die saufen schon gegen acht Uhr früh."
Vielleicht sagen sich die Menschen:
„Gott sei Dank habe ich einen Job,
eine Familie,
ein Auto,
Versicherungen,
einen Baukredit."
Vielleicht denken sie sich auch gar nix
und grinsen aus Affekt,
aus Schuld, Reue oder Mitleid …

Egal.

Die Assis im Imbiss spotten nicht über die vorbeiziehenden
Menschen.
Sie fühlen sich unter sich wohl,
brauchen keine Fassade,
kein Gefühl des Besser-Seins,
nur ihr Bier,
ihre Kippen,
ihre Freunde,
hier und da was zu essen.

Ich war bei ihnen.
Jeder hat mich froh empfangen.
Ich sprach mit ihnen,
hörte ihnen zu,
roch ihren Bieratem
und ihre mit Qualm zugeworfenen Klamotten.

Sie schienen dankbar zu sein,
dass jemand wie ich bei ihnen war,
wenn auch nur kurz.

Ich sollte öfters bei ihnen sein.
Das Essen ist gut.

Ein Schriftsteller

Er hat es schon während des Studiums geahnt:
Lehramt, nein danke!
Wissenschaftler, nein danke!
Neuer Studiengang, nein danke!
Also anfangen mit dem, womit er endete:
Texte!
Erst waren es Sachtexte,
dann Fachtexte,
dann kam der Alkohol ins Spiel,
Lyrik,
irgendwann Nikotin,
Romane,
Kurzgeschichten,
dann die Prostitution:
Geld für anderer Leute Texte:
Drehbücher,
Sachbücher,
Fachartikel,
alles dabei,
der Wortschätzt wuchs und wuchs,
sogar Liedtexte waren gefragt,
dabei hatte er keine Ahnung von Rhythmus und Takt,
egal,
die Leute kauften es.

Inzwischen hat er einen Wikipedia-Eintrag,

seine Bücher gibt's in Läden und im Online-Handel,
er schreibt weiter,
die Tastatur verliert die Farbe ihrer Buchstaben,
und am liebsten würde er nur mit seinem Sohn Lego spielen
oder im Garten die Sense schwingen.

Kleinigkeiten, Kopfkino und Klitoris

Als ich mit Kurt Cobain redete

Irgendwann häuften sich die Stimmen,
die mir zuriefen, ich bräuchte Hilfe
- professionelle Hilfe,
also Leute, die Bücher gelesen haben
und meinen, das Seelenheil gepachtet zu haben.
Das sagte ich in einer ruhigen Stunde Kurt Cobain.
Er sah mich mit seinen verweinten Augen,
mit seinen geritzten Armen
und mit dem riesigen Loch, das er sich in den Kopf geschossen
hatte, an.
Dann meinte er ganz nebenbei: „Hilfe? Ich hatte die und bin nicht
mal 30 geworden."

Er hatte Recht!
Hilfe? Was heißt das schon?
Doch nichts weiter, als dass jemand versucht, dich gerade zu
biegen,
dich verändern zu wollen.
Er zeigt dir ein dahingeschissenes Ideal,
was du niemals erreichen kannst.
Er macht alles nur schlimmer.
Was bleibt dann noch von dir übrig?
Nichts!

Das, was die Leute mir liebgemeint als Hilfe verkaufen,
ist doch nur sowas wie Dressur,
eine Anpassung an das, was alle machen.
Wenn die Hilfe geglückt ist,
würde ich in kulturelle Dunstkreise eintauchen,
würde mir Fußball angucken,
mich auf Urlaub freuen,
vielleicht sogar zu irgendeiner Gottheit beten,
ich würde mich in meiner Durchschnittlichkeit einigeln
und mit Spott oder Mitleid auf jene herabsehen,
die so sind wie Kurt und ich.

Kurt lachte mich an.
Er wollte mich umarmen,
aber das ging nicht, weil er tot war.
Er hat sich sein Hirn weggepustet.

Es ist nicht so, dass ich mit geladener Waffe vorm Spiegel stehe
oder das Rasiermesser für einen letzten alles entscheidenden
Schnitt schleife.
Im Gegenteil!
Ich blicke in den Spiegel und sehe dort eine Naturgewalt,
eine Bestie, die es nicht zu bändigen gilt,
einen Egozentriker,
einen selbstverliebten Bastard,
der es sich aber nicht nehmen lässt,
hineinzuschauen in Spiegel, Augen, Hirn und Seele.

Hilfe brauche ich wahrlich nicht,
solange ich jeden Tag aufstehe
und meine Finger für allerlei Texte bluten lasse,
Steuern und Unterhalt zahle
und meine Leber mit mir wettet, wer länger durchhält.

An dich: Willst du haben oder sein?

Willst du eine Frau haben oder ein Partner sein?
Willst du einen Mann haben oder eine Partnerin sein?

Willst du ein Kind haben oder willst du Vater oder Mutter sein?

Willst du einen Job haben oder berufen sein?
Willst du Vermögen haben oder vermögend sein?

Es geht nur um dich.
Ich schreibe das nicht für mich.
Ich kenne diese Fragen in- und auswendig.
Ich weiß auch meine Antworten.
Ich maße es mir auch nicht an, in deine Welt einzugreifen.
Es geht um dich, der immer unzufrieden ist,
der getrieben ist von Hektik, Besitz, Angst, Streit
und der quälenden Leere.
Was willst du?
Sein oder haben?
Was klingt erfüllender?
Jemand sein oder etwas haben?
Was füllt dich aus?

Vielleicht merkst du, dass du die Dinge vom falschen Ende aus
angehst.
Vielleicht merkst du, dass du deinen Partner gar nicht liebst
oder nie Vater oder Mutter sein wolltest.
Vielleicht merkst du, dass du in deinem Haus
im goldenen Käfig sitzt,
dass du besessen bist von deinem Besitz,
ein Sklave von dem, was dir gehört.

Vielleicht bist du ein versnobter Wichser,
eine frustrierte Hausfrau,

ein Möchtegern-Künstler,
ein abgehalfterter Weiberheld,
ein pervertierter Gläubiger.
Dann frage dich, ob das, was du glaubst zu sein,
nicht nur ein Haben ist.
Bist du gläubig oder hast du nur eine Konfession?
Bist du dem Geld so weit verfallen,
dass es nur noch Haben ist?

Wo ist dein Sein?
Wo will es hin?

Das geht nur an dich.
Und diese Ideen sind nicht neu.
Seit Menschengedenken richten
Denker, Mystiker und andere schlaue Köpfe
ihre mahnenden Finger auf diese eine Frage:
Haben oder Sein?
Denn was man nur hat,
geht verloren – ist schon verloren.
Wer ist, darf haben,
aber wer nur hat, kann nichts werden.

Der richtige Moment

Von diesen gibt es nicht viele.
Entweder weil es nur eine Handvoll gibt
oder weil unser Blick allzu oft verschleiert ist
und wir die Dinge nicht sehen können
wie sie sind oder sein könnten.

Dabei sind die richtigen Momente
die Weichen für unser Leben.
Das Spannende an ihnen ist,
wenn man nicht gerade volltrunken

an eigenen Gedanken zugrunde geht,
dass sie dringlich sind.

Ein richtiger Moment ist
eine Entscheidungssituation,
eine Einschränkung des Lebens
auf das Wesentliche.
Erst diese Dringlichkeit verleiht
diesen Momenten ihre Würze,
ihre Einmaligkeit,
ihre Bedeutung für unser Leben.

Du siehst ein Auto auf dich zu fahren
und springst rechtzeitig zur Seite.
Du siehst, wie sich deine Umgebung verändert
und du haust rechtzeitig ab.
Du sieht eine tolle Frau
und haust rechtzeitig ab – oder gehst zu ihr hinüber.

Die ganze Zeit vor und nach diesen Momenten
ist nur ein Schlafzustand,
ein Zustand, in dem wir Narzissten sind,
weil wir nur über uns und unsere Meinungen nachdenken.
Ständig glauben wir, etwas entscheiden zu müssen
und tun es nicht – eben weil die Zeit nicht reif ist.

Kommt dann die Dringlichkeit,
fallen die Kindereien,
die selbstverliebten Meinungen,
die Vorurteile,
die Ängste,
die Hoffnungen,
das Gedankenkarussell
weg.

Dann gibt es nur diesen einen Moment
und man wird handeln.
Die Geschichte wird später urteilen,
ob gut oder schlecht.
Aber nur dieser Moment ist es,
in denen wir zurechnungsfähig sind.
Wir sind wach, präsent, einfach da,
egal, was vorher alles gedacht wurde.
All das ist bedeutungslos.

Eine dringliche Lage zwingt uns zum Handeln,
zum Leben.
Deshalb zögere ich Entscheidungen hinaus und
ergötze mich an meinen Gedanken solange,
bis die Welt mir einen Waschlappen ins Gesicht schmeißt
und mir sagt: „Du bist dran!"

Dann bin ich dran.
Und irgendwann bist du dran.
Dazwischen können wir gerne einen trinken gehen.

Du hast dich verrannt

Du hast mir mal gesagt,
du müsstest dran bleiben,
weitermachen, kämpfen,
dein Herz verlange es.
Wirklich?
Du rennst doch schon längst nicht mehr,
kriechen tust du vor einem Ziel,
das vor dir hergezogen wird
wie die Möhre vorm Esel,
Schneller laufen?
Noch mehr geben?
Jetzt erst Recht?

Dann mal los.
Streng dich an,
Flieg hin.
Steh auf.
Flieg hin.
Steh auf.
Mensch, du hast dich verrannt.
Was hält dich auf der Bahn?
Komm einfach her,
dann trinken wir einen.

Ein Abend mit deutschen Filmemachern

„Unerwünscht eingereichte Manuskripte nehmen wir nicht an.",
haben sie laut getönt.
„Die Idee muss originell sein. Wir wollen Spannung."
Er schrieb etwas auf ein paar Zettel.
Eine Geschichte.
Für die Filmemacher nur ein sogenanntes Treatment.
Dann ging er damit auf den Strich,
buhlte um die Gunst der Produzenten.
Absage,
Absage,
Absage,
Absage.
Sie wollen einfach kein unerwünscht eingereichtes Manuskript.

Dann traf er sich mit drei sogenannten Filmemachern,
alberne Gestalten, die sich als Kulturelite verstehen wollten,
aber nichts anderes waren als kastrierte Hunde.
Sie tranken Weinschorle, Wein oder Smoothies,
und sie erstarrten, als er seinen Flachmann rausholte,
um sein Weibergetränk mit Wodka zu vermengen.
Der Abend sollte ja schließlich Spaß machen.

Dann diskutierten sie das Skript.
Die Idee sei gut, sehr sogar.
Aber leider sei die Zielgruppe zu klein.
Zu klein?
Ja, sicher!
Das würde sich nicht lohnen.
Also mehr Wodka!

Irgendwann drifteten sie ab und versuchten, zu philosophieren.
Sie wollten unbedingt eine Botschaft hinter der Botschaft finden.
Doch die gab es nicht
und jeder Versuch, irgendwas zu konstruieren,
führte nur zu noch mehr Wodka.
Da wusste er, was an dem deutschen Filmgeschäft
nach Scheiße roch:
Der sinnlose, völlig haltlose, unbegründete, dilettantische Versuch,
irgendwelche Botschaften rüberbringen zu wollen,
statt es den Zuschauern zu überlassen.
Die sollten doch der Souverän sein,
etwas, was diese Filmemacher den Deutschen nicht zugetraut
hatten.
Also leerte er seinen Flachmann, schnappte sich sein Skript
und machte aus Treatment und Drehbuch einen Roman.
Scheiß drauf!
Die Leser sollen Botschaften entwickeln
und keine vorgekaute Scheiße kriegen.

Ein Auge fürs Detail

Echte Handarbeit,
Liebe zum Detail
- eine Seltenheit
in der modernen Welt.

Modern ist es,

massenabgefertigt
von Bude zu Bude zu laufen,
sich in der Menge zu verlieren,
entmenschten Trieben zu frönen,
zum Himmel zu starren,
doch statt Sterne zu erblicken,
auf ein Feuerwerk zu warten,
zu ständig wechselnder Musik
den Eindruck
heiterer Gelassenheit
sich selbst und anderen vorzugaukeln.

Modern ist es, Menschen wie mich
herabzuwürdigen,
Menschen, die die Stille suchen,
das Innere,
Menschen, die gerne einen heben
- alleine, ohne anderen damit auf den Sack zu gehen.

Modern ist es auch,
sich auf Mallorca im Freizeitknast bis zur Besinnungslosigkeit
zu besaufen,
Partydrogen einzuwerfen,
kreuz und quer zu vögeln,
das ganze Geld für Schwachsinn rauszuwerfen,
tagsüber TV-Werbung für Sexspielzeuge bringen,
damit die Kleinen schon wissen, was später wichtig sein wird.

Ich bin nicht modern.
Ich rauche,
ich trinke,
ich denke,
ich schreibe,
für mich allein.
Alles, was ich suche ist die Ruhe

in einer unheimatlich gewordenen Welt,
in einer Welt,
in der ich nur mich mag
und meinen Sohn liebe.

Ein roter Graureiher

Heute Vormittag gegen Zehn,
als ich gegen Unkraut kämpfte,
kam ein roter Graureiher verkrüppelt vom Himmel gesegelt.
Er knallte auf die Brücke vorm Haus,
zuckte noch etwas, nickte mir zu.
Seine Flügel waren gespreizt, ein Auge war offen,
das andere zitterte.
Der war am Ende.

Ich kümmerte mich noch um mein Unkraut,
sah aber immer wieder zum Graureiher,
der eigentlich rot war.
Da brauste ein Jeep über die Brücke
und mähte den Reiher zu Brei.
Er war so platt, dass man hätte glauben können,
er sei ein Asphaltmuster oder Street art.

Eine alte Frau kam daher und sagte im Vorübergehen: „Oh Gott!".
Sie sah den rot-braunen Fleck und starrte entgeistert hin.
Besser hätte ich es nicht sagen können: „Oh Gott!"

Ich hackte noch weiter in der Erde,
traf bestimmt ein paar Schnecken oder Regenwürmer,
mit Sicherheit aber Grünzeugs.
Dann stieg ich in meine Karre, fuhr über die Brücke und den
rot-braunen Fleck
und hörte Nachrichten von Kriegen, Hungersnöten und Epidemien
- zeitgleich, während ich unsere Umwelt verpestete.

Seit über zehn Jahren war er in der Welt der Gelehrten,
der sogenannten Gelehrten.
Er lernte früh das wissenschaftliche Arbeiten,
verfasste zig Texte nach den sogenannten wissenschaftlichen
Standards,
lernte Theorien kennen, sie zu hinterfragen und neue aufzustellen.
Er lernte auch, wie es ist, mit einem Stock im Arsch zu gehen.
Das war das größte Kunststück:
Sich in einer Universität zu bewegen wie alle anderen.

Er hat mehrere Disziplinen studiert,
erwarb irgendwann ein Examen und begann seine Promotion.
Die ist bis heute nicht abgeschlossen.
Das Schwierigste für ihn war, den Arm zu heben, um etwas sagen
zu dürfen.
Er fügte sich aber, hielt – so gut wie möglich – die Norm ein.
Zu manchen Kolloquien gab es Kaffee,
den stärkte er immer heimlich mit Fusel.
Das machte es erträglich, allen anderen zuzuhören
bei ihrer geistigen Selbstbefriedigung.

Das Schlimmste war aber die Erkenntnis,
dass er gar nicht so viel anders war als diese ganzen Nebelkrähen.
Er kleidete sich lockerer, fuhr einen Sportwagen und nahm die
Dinge nicht allzu ernst,
aber er hob den Arm, wenn er etwas sagen wollte,
gab Quellenbelege ordentlich an und hielt einen sachlichen
Schreibstil ein.
Irgendwie faszinierte es ihn, was er tat,
obwohl er es hasste,
obwohl er ihn hasste,
diesen akademischen Elfenbeinturm.
Für ihn war er eine Speergrube.

Die Wissenschaft ist moderne Religion.
Nichts weiter.
Man betet Zitate an. Das war's.
Und man wird feucht in der Hose, wenn man selber als Zitat
irgendwo gelandet ist.
Das ist Wissenschaft.
Doch Wissenschaft nicht Leben schafft.
Wozu ist sie gut?
Doch nur, um ein paar Idioten ein Schild auf die Stirn zu kleben mit
der Aufschrift:
„Ich habe Ahnung, ich bin Wissenschaftler."
Damit waren sie die neuen Priester,
die Vermittler zwischen Wissen und Laien,
zwischen Wirklichkeit und Theorie,
zwischen Himmel und Hölle.
Und er schrieb an seiner Promotion weiter.
Der Punkt, sich zu entscheiden, die ganze Scheiße sein zu lassen,
sollte näher kommen.

Erinnerungen spielen ihr eigenes Spiel

Es gibt ein paar Erinnerungen, die wird man nicht los,
egal, was man tut;
ob man versucht, sie durch neue zu verdrängen,
sie runterzutrinken, wegzurauchen
oder ob man versucht, sich tot zu stellen,
indem man in den Fernseher glotzt,
über Urlaub redet
oder meint, sich zu anderen schwachsinnigen Dingen äußern zu
müssen.

Dann gibt es aber auch die anderen Erinnerungen,
die massenhafte Flut belangloser Dinge, die man vergisst,
sobald man sie gesehen hat.

Das dürften die meisten Erinnerungen sein,
die wir in uns rumtragen;
und obwohl es die meisten sind,
können wir uns nicht an sie erinnern.
Es sind einfach zu viele,
die ohne Bedeutung für uns sind.
Das Meiste scheint unwichtig zu sein.

Es gibt dann noch die anderen Erinnerungen,
die, die sich schmerzhaft brennend tief in die Seele gegraben
haben,
so tief, dass man nur noch erahnen kann, was einst war,
aber nur noch die todbringenden Gefühle übrig sind
und es schwer ist, Bilder im Kopf zu haben.
Anders sind die Erinnerungen, die sich fast schwebend und leicht
zur Seele begeben haben, von denen auch kaum mehr Bilder da
sind,
aber winzige Schatten ausreichen, um jene Gefühlswellen nochmal
zu erleben.

Und wir können uns nichts davon aussuchen.
Sie kommen und gehen, wie sie gerade lustig sind.
Kurioser Weise ist das, was wir gemeinhin „Ich" nennen,
auch nichts anderes als eine Erinnerung,
eine bizarre Geschichte
vom Helden, der auszog das Fürchten zu lernen.

Life is memory,
drunk it,
fuck it,
suck it.

Seit ein paar Jahren lebe ich als Schriftsteller.
Mehr oder weniger.
Meine eigenen Texte,
die, die mit Herz geschrieben sind,
verkaufen sich mehr schlecht als recht.
So ist das.
Kein Leben.
Trotzdem lebe ich als Schriftsteller.
Das sagt mein Finanzamt,
das sagen die Versicherungen,
das sagen auch ein paar Leute.
Leben tue ich auch ohne Schrift.
Dafür brauche ich diese Errungenschaft der Zivilisation nicht.

Geld verdienen tue ich mit Schrift.
Mal mehr, mal weniger.
Es kommt immer was rum.
Seit den letzten Monaten läuft es gut.
Ich arbeite täglich ein paar Stunden,
mache Raucherpausen, Trinkerpausen,
kümmere mich wieder um den Garten,
hole mir meistens am Nachmittag einen runter,
gucke belanglose Videos im Internet,
ärgere mich über Steuerabgaben
und schreibe Texte für andere Leute.

Es tut gut, diesen Menschen zu helfen,
ihnen Texte zu servieren, mit denen sie woanders protzen können.
Einige von ihnen sind recht bekannt,
sogenannte Personen des öffentlichen Lebens,
manchmal sind auch Wissenschaftler unter ihnen.
Sie alle bezahlen mich, dass ich ihnen das schreibe,
was sie wollen oder was sie brauchen.

Gibt es da einen Unterschied zur Prostitution?
Würde man sagen, eine Nutte lebt vom Sex?
Sie kriegt Geld für Sex, ja sicher,
aber leben tut sie davon sicher nicht.

Gespräche mit Unbekannten

Sie erzählte mir was von Beziehungen,
meistens davon, wie schlecht sie liefen,
ab und zu erzählte sie vom Urlaub,
vom nervigen Chef
und wie schwer es sei, mit den Kollegen klarzukommen.

Er erzählte mir was von seinen tollen Kollegen,
dass es in der Firma eine Sauna gäbe,
Massagestühle,
ständig irgendwelche Prämien
und wie toll es sei, Geld zu verdienen.

Ich schüttete mir bei beiden genug Drinks ein,
um wenigstens anstandshalber nicken zu können.

I'm back

I'm back in the night,
in the woods,
between the mountains,
in my fortress,
my little home.

Here owl, deer, and hare watch,
infinitely many stars show me the way.
The moon also shines.
Hell is his world,
in which I am only a wanderer.

I am a wanderer in change,
today I am star,
tomorrow the tree.

Yesterday I was the way.
Somehow I am nothing,
because I was never anything else.

In der Kanalisation des Gewissens

Behutsam schiebe ich den schweren Gullideckel beiseite.
Helfen tut mir niemand.
Fernab der Straßen stehe ich auf einem Hof,
auf dem sich Zäune und Asphalt paaren.
Ich greife zur Taschenlampe und steige hinab.

Die Leiter ist nass. Überall höre ich es plätschern.
Sprossen fehlen und die Wandverankerungen sind gerissen.
Langsam steige ich tiefer und tiefer.
Mit jedem Schritt, und mag er noch so zaghaft sein,
fängt die Welt an, mehr zu stinken.

Die letzten beiden Sprossen überspringe ich
und lande in einer Pfütze,
die bei näherem Hinsehen gar keine ist,
sondern ein gleichmäßig fließender
unterirdischer Fluss aus Scheiße, Urin,
Wasser, Rattengedärmen, Lebensmittelresten,
Küchenpapier, Feuchtklopapier,
Tampons, Folien, Reißverschlüssen,
Lippenstiften und Binden.

Ich stehe in der Pfütze, die keine ist,
will vorwärts.
Mit der einen Hand halte ich meine Lampe,

mit der anderen meine Nase.
Mit jedem Schritt weiche ich mehr und mehr auf,
das Licht wird schwächer
und irgendwann habe ich keine Kraft mehr,
meine Nase zu halten.
Von oben tropfen mir rostbraune Rinnsale in die Haare.
Es wird finster, fast so, als schließe ich meine Augen zum Schlaf,
doch als ich erwache, steht über mir ein Typ
mit einer Taschenlampe in der einen Hand
und mit seiner Nase in der anderen.

Kampfkunst und ich

Seit meinem 14. oder 15. Lebensjahr interessiere ich mich für den
Kampf.
Ich bin gewiss kein Kämpfer und auch kein Krieger,
kein Soldat, kein Türsteher, kein Straßenkämpfer,
kein Sportler. Nichts davon trifft auf mich zu.
Trotzdem lerne und über ich die Kampfkunst.
Ich suche auch keine Erleuchtung
oder will durch Kampfkunst ein besserer Mensch werden.
Das ist alles Bullshit für mich.
Mich interessiert nur die Bewegung.

Angefangen hat es mit den alten Judo-Büchern meines Vaters.
Alte DDR-Wälzer.
Die habe ich lesen gelernt.
Würfe, Hebel und Festhaltetechniken.
Dann haben mein Bruder und ich geübt.
Im „klassischen" Alter-Meister-dummer-Schüler-Spiel.
Mein jüngerer Bruder spielte den Meister,
weil ich immer lernen und nie lehren wollte.

Dann kam ich zu einem Kampfsportverein.
Ich habe mir den schwarzen Gürtel meines Vaters umgebunden

und dafür ziemlich schnell eins auf die Schnauze gekriegt.
Ich wusste nicht wieso.
Das harte Training hat mich entmutigt.
Ständig Magenschmerzen,
blaugeschlagene Unterarme und Schienbeine,
immer nur die Angst, getroffen zu werden.

Dann kam ich zum Wing Tsun,
der ersten Kampfkunst, wo es hieß, so kraftlos wie möglich zu sein.
Darin war ich gut, aber alle um mich herum
hatten fette Oberarme und trainierten
in Fitnessstudios wie die Sau.
Die kraftlosen Techniken haben sie alle
mit eigener Brutalität ausgeführt.

Dann kam ich zum Aikido:
Schöne Kreis,- und Spiralbewegungen.
Das lernte ich schnell und wurde ziemlich gut.
Der Lehrer tadelte mich, dass ich in seinem Griff
stillhalten möge,
denn ich kam immer wieder aus seiner Kontrolle heraus.
Also weiter!

Dann kam ich zu einer besonderen Kampfkunst,
dem Bujinkan,
einer Ansammlung fraglicher Samurai- und Ninjaschulen.
Hier lernte ich den Wert von Distanz kennen.
Ich musste mich nicht grün und blau schlagen lassen.
Das Training war aber realitätsfremd.
Immer ging es nur darum, eine Technik an einem zu üben,
der halbarschig angreift, stehen bleibt und dann nichts mehr tut.
Auch das Sparring war lächerlich.
Also weiter.

Dann kam ich zum Taijiquan,

was mir ein guter Mensch privat beigebracht hat.
Kein Verein!
Kein Lehrer!
Keine Graduierungen!
Keine Prüfungen!
Einfach nur gemeinsam üben und lernen.

Damit konnte ich bisher am meisten über mich erfahren.
Ich lernte meine Verspannungen kennen,
meine Druckpunkte,
meinen sinnlosen Willen,
mein sinnloses Bemühen, Techniken zu üben.
Er war immer weich, lenkte meine Kraft ab oder um.
Ich flog manchmal mehrere Meter zurück,
ohne zu wissen, wie es geschah.
Es passierte, weil er sicher stand
und ich verkrampft versuchte, ihn irgendwie wegzuschieben.

Dann wurde ich irgendwann besser.
Das Tui Shou war ebenbürtig.
Bei den sogenannten Anwendungen
kam ich immer gut weg dank meiner Vorerfahrung.
Mein Freund wandte sich daraufhin vom Taijiquan ab.
Ich ging den Weg alleine weiter.

Ich habe keinen festen Lehrer und will auch keinen.
Ich will keine Wiederholungen üben,
keine sogenannten Techniken,
kein Timing, keine Distanz,
denn was ich jetzt weiß,
ist etwas, was all dies sprengt:
Es geht einfach nur um Bewegung.

Also bewege ich mich.
Weiter und weiter und weiter.

Ich war neulich im Tierpark,
lag auf einer der vielen Bänke,
die nur mit Kaugummis, Kippenresten
und klebrigen Flüssigkeiten zusammengehalten werden.
Die Sonne schien mir auf den Pelz
und ich dachte: So sollte es immer sein.

Was ich erst später merkte, war,
dass hinter mir ein Gehege stand.
Es war nicht sonderlich groß,
vielleicht so wie die uniformen Wohnungen
einer alten unsanierten Platte.
Vermutlich etwas kleiner.

In der Wohnung waren Karnickel,
30 – vielleicht 40 Stück.
Und sie rannten übereinander her,
die einen fraßen Gras,
andere tranken.
Nur ganz hinten hockten ein paar übereinander.
Sie rammelten und ließen sich von meinen Blicken nicht stören.

Die Weibchen zuckten unter den Männchen.
Ich weiß nicht, ob es ihnen gefallen hat.
Zumindest wehrten sie sich nicht.
Es wirkte unkompliziert,
fast wie gewollt.
Kein Krampf, kein Kampf, keine Umwerbungen,
kein ewiges Gerede, kein Lippenstift,
keine Rasierer, keine Reizwäsche,
keine Pornos, keine Spielzeuge,
keine Erwartungen, keine Hoffnungen,
einfach nur das Treiben unter der Sonne.

So sollte es immer sein.

Als sie fertig waren, gönnte ich mir eine Zigarette danach
und freute mich für sie.
Sie hatten es kapiert, ohne überhaupt was kapieren zu müssen.

Mein gedrucktes Manuskript

Mein Roman ist seit ein paar Wochen fertig.
Insgesamt 210 Normseiten.
Rechtschreibung, Grammatik, Ausdruck habe ich nicht
überarbeitet.
Das steht also noch an.
Wieder lesen und schreiben.

Jetzt müht sich mein Drucker mit dem Text.
In digitaler Zeit wollen die meisten Verlage
das Skript in Papierform.
Was für eine Verschwendung!
Die meisten Manuskripte landen in den Mülltonnen,
aber man muss sie erst ausdrucken,
man muss sie versenden,
man muss Bäume fällen.

Ich habe ein schlechtes Gewissen,
wenn ich sehe, wie viele Seiten
mein Drucker gerade herausschießt
- so viel belangloser Text auf so viel Papier,
so viele Wege, nur damit am Ende
das Skript im Müll landet
oder beim Verlag, wo es dann
digital bearbeitet wird.

Der pure Wahnsinn.
Darüber zu schreiben, lässt mich zynisch werden.

Dann noch Briefmarken, Umschläge,
Postwege und Druckerpatronen.
Die Welt steht still,
wenn hier der Drucker gleichmäßig rattert
und eine Seite nach der anderen auskotzt.

Meine Rechte

Mit meiner rechten Hand halte ich die Zigaretten,
mit der Rechten hebe ich die Flasche,
mit der Rechten hole ich mir Einen runter,
mit der Rechten schreibe ich,
mit der Rechten winke ich,
mit der Rechten grüße ich,
mit der Rechten umarme ich,
mit der Rechten schalte ich,
mit der Rechten putze ich mir den Hintern,
mit der Rechten massiere ich die Brüste,
mit der Rechten reibe ich den Kitzler,
mit der Rechten säge ich,
mit der Rechten schlage ich Nägel ein,
mit der Rechten öffne ich Türen,
mit der Rechten telefoniere ich,
mit der Rechten gebe ich Geld,
mit der Linken bin ich Gott.
Mit der linken Hand tue ich nichts.

Neujahrsgrüße aus dem Glas

Die Zeit eilt vorbei wie der Wind,
Freud und Leid wandeln sich geschwind,
nur eines, das bleibt konstant,
weder Raum noch Wand,
es ist mein Glas, das zu mir spricht
und mit aller Wahrheit bricht.

Zum neuen Jahr ist es gefüllt,
mit Nichten verhüllt,
drum setz ich es an,
weil ich es in einem Zuge leeren kann.
Doch ein Zug wäre viel zu schnell,
gleichsam einem High Noon-Duell.

Daher, so trinke ich es aus,
jeden Tag einen Tropfen raus,
lasse es stehen,
seinen Geruch verwehen,
trinke hier und da,
denn das Ende ist immer nah.

Das ganze Jahr entlang,
durch einen sich drehenden Gang,
das Glas fest in meiner Hand,
wird es zu meinem Unterpfand
und soll euch allen zeigen,
2018 wird sich neigen.

Neulich beim Fleischer

Er ging zum Markt, um sich Fleisch anzuschauen,
er wollte es weder essen noch berühren,
einfach nur ansehen,
vielleicht auch von dem einen oder anderen Stück angesprochen werden,
aber gewiss kein Fleisch mit nach Hause nehmen.
Dazu hätte er erstmal wissen müssen, wo sein Zuhause war.

Also ging er zum Markt und dachte nicht weiter nach.
Dort angekommen, wurde er von Menschen be- und verdrängt.
Er mogelte sich von der Käsefrau über den Fischhändler
zum Fleischer.

Die Auswahl war gigantisch.
Es gab Kochwürste, Bratwürste, Bockwürste, Leber, Sülze,
Kalbsfleisch, Schweinefleisch, Hirsch, Schaf, Kotelette, Bouletten,
Huhn, Kaninchenfleisch, gepökeltes Fleisch, gegrilltes und rohes.
Die einzelnen Fleischstücke sahen ihn an, blickten tief in seine
Seele:
Angstvoll, zornig, enttäuscht, gereizt, deprimiert, hoffnungslos,
erbärmlich,
verzweifelt.
Für jeden Geschmack war was dabei.

Eines der Stücken, es war das kälteste und härteste,
wollte mit ihm reden.
Da wusste er, dass er nie zum Fleischer gehen wollte.
Doch da stand er. Freiwillig.
Er ist dorthin gegangen.
Also tat er das, was man von ihm an diesem Stand erwartet hat:
Er kaufte dieses kalte und harte Stück Leben/Tod,
ließ es sich in einen Plastikbeutel geben,
bezahlte ordnungsgemäß den Kilopreis samt Mehrwertsteuer
und ging mit dem Teil fort, das er nie haben wollte,
nur weil er dorthin gekommen war.

Neulich beim Haareschneiden

Ich ging zum Friseur, es war kalt, aber schönes Wetter,
alles prima soweit – bis ich warten musste, dran zu kommen.
Ich stand also vor der Tür inmitten kleiner Pflastersteine,
weggeworfener Zigarettenstummel und kahlen Bäumen.
Bis ich dran kommen sollte, dauerte es.
Ich wartete und holte meinen Wischfernseher raus.
Das Übliche.
Facebook zeigte mir Weiber mit raushängenden Titten,
schnelle Autos, hier und da ein paar Nachrichten aus der Welt.
Ich wischte weiter und stieß auf ein Foto von einem vermummten

Mann.

Er stand in der Wüste, hielt links ein Messer und rechts einen Kopf.
Vor ihm lag das, was handelsüblich zum Kopf gehört – gehüllt
in orangene Kleidung.
Der tote Kopf sah aus, als würde er noch leben. Sein Blick war
erschrocken, starr und doch voller Energie, fast, als hätte er sich
mit dem Tod noch nicht abgefunden.

Dann sagte der Friseur: „Der Nächste!"
Ich hörte es draußen nicht,
wurde aber hineingebeten und ging rüber zum Stuhl
- mein Kopf war noch an mir dran,
und der Friseurkopf sagte zu meinem:

„Wie möchten Sie es haben?"

„Naja. Kürzer halt. Hinten etwas mehr, vorne nur ein bisschen."

Er schien nett zu sein, logisch denkend und vernünftig. Erst
schwiegen wir uns an, aber es war von Anfang an ein gutes Gefühl, bei
ihm zu sein. Mir ging der abgeschnittene Kopf nicht aus dem Schädel.
Ich wollte den Friseur dazu ausfragen. Vielleicht hätte er mir logisch
und vernünftig geantwortet. Aber es wäre ihm sicher an die Nieren
gegangen oder er hätte irgendetwas gesagt, was mir egal gewesen
wäre.
Also sagte ich nichts.

Mein Kopf konzentrierte sich dann auf das, was der Friseur tat
- sein Handwerk.
Es klang wunderbar, wie er mit Schere und Messer ans Werk ging;
und es fühlte sich toll an, von ihm gekämmt zu werden.
Irgendwann fing er an, von seinem Leben zu erzählen,
von seiner Frau, seinen zwei Kindern und davon,
dass das Land den Schweinen zum Fraß vorgeworfen würde.
Trotzdem dachte ich immer an diesen Kopf.

Dann war er mit dem Haareschneiden fertig,
drehte mich rum und zeigte mir meinen Kopf mit zwei Spiegeln.
Der Kopf saß noch auf dem Hals.
„Find ich gut. Dankeschön.", sagte ich.
Ich stand auf, zahlte und gab noch Trinkgeld.

Vor der Tür liefen Leute vorbei, die alle noch ihre Köpfe drauf
hatten.
Auch die Leute in den Autos hatten alle ihren Kopf drauf.

Auf dem Heimweg sah ich alle Köpfe, die bis zu den Füßen
reichten.
Alle drehten, schüttelten oder nickten mit ihnen wie
selbstverständlich
- und mir ging dieser eine tote, abgeschnittene Kopf nicht mehr
fort.
Ich hätte mich auf anderes konzentrieren sollen:
- auf Brüste, schöne, runde und üppige Brüste,
auf lange Beine, blonde Haare, große Augen,
vielleicht auch auf ein paar Absätze und nen knackigen Hintern.

Sex ist was Gutes.
Aber der Tag war dahin.
Ich musste erstmal was trinken oder wenigstens eine Nacht
schlafen,
um diesen Kopf loszuwerden.
Es war starker Tobak, ein Mensch zu sein.
So viele komische Sachen passieren.

Unterwegs sah ich meinen Kopf im Schaufenster,
mein Spiegelbild.
Mein Kopf hatte eine Zigarette im Mund,
sah müde aus, deprimiert und ernüchtert.
Mit seinem neuen Haarschnitt lächelte er nicht.

Er war einfach nur dran.

Irgendwann ist er verschwunden.
Ich ging weiter vorbei an Autos, Häusern,
Katzen, Hunden und Menschen
- sie alle sind nochmal davongekommen.
Ich warf meine Zigarette auf die kleinen Pflastersteine,
wo sie rot-weiß abbrannte.
Eine Rauchfahne stieg gen Himmel,
wo nun die Sonne herunterschien
- das tat mir gut und mein Kopf vergaß den Kopf.

Ode an die Kampfkunst

Wenn du dein Haus verlässt,
warten 10000 Feinde auf dich.
Sie lauern mit Messern, Eisenstangen,
Fäusten, Schlagringen, dummen Sprüchen auf dich.

Wirst du darauf vorbereitet?
In den meisten Fällen nicht.
In den meisten Fällen übst du
schwachsinnige, komplexe Bewegungen,
die nur funktionieren, weil dein Partner mitspielt.

Du lernst nicht, was es heißt,
einem Feind gegenüberzustehen,
einem Feind, der dir wehtun will
oder dich gar töten will.
Du lernst nicht, was es heißt, um dein Leben zu kämpfen.
Du lernst nicht, was es heißt, dich selbst zu behaupten.
Du lernst nur nette Theorie.

Die Lehrer reden von Charakterschulung,
tun so, als seien sie Philosophen

und haben Angst, dass du dich verletzen könntest.
Versicherungsstreite will schließlich niemand.
Aber die Lehrer zeigen dir nicht, was es bedeutet,
wenn Adrenalin durch deinen Körper strömt,
wenn du dich vor Angst kaum bewegen kannst,
wenn tausend Bilder durch deinen Kopf strömen,
was alles passieren könnte, wenn ...

Die Kampfkunst ist am Arsch,
wenn sie keinen Kampf mehr lehrt.
Die Angriffe im Dojo sind vorhersehbar,
halbherzig und immer vom Wunsch getragen,
dem Partner nicht wehtun zu wollen.
Das ist redlich!
Hat aber nichts mit einem Kriegshandwerk zu tun.
Du musst lernen, dem anderen Schmerzen zufügen zu wollen,
du musst bereit sein, deine Eltern, Freunde, Brüder und
Schwestern zu töten.
Du musst bereit sein, deine Natur anzunehmen.
Dazu gehört es nicht, alle zu kuscheln.
Manche verdienen einen Schlag in die Fresse.
Dann sollte der Schlag aufwandslos sein,
entspannt, frei, absichtslos.
Das ist ein Bewusstseinszustand.
Aber soziale Schranken verhindern ihn.

Du musst dich als Schmerzgenerator erleben,
als Bestie, die entfesselt wird,
als Samurai, der Feinden gegenübersteht,
der verwundet wird und dennoch schreit:
„Ihr mögt mir das Leben nehmen, aber ich nehme euch eure
Möglichkeiten."

Wenn du diesen Teil, der in der schlummert, annimmst,
kannst du gerne den friedvollen Krieger spielen,

aber ohne diesen Aspekt ist diese Spielerei Kasperletheater,
denn der Kampfkunst fehlt es an Essenz.
Auch der Begründer des Aikido oder Myamoto Musashi
waren lange Zeit Krieger, ehe sie den Pfad des Friedens erkannt
haben.
Frieden und Krieg gehören zusammen.
Man kann nicht das eine ohne das andere haben.

Vom Regenbogen in die Kotze gesprungen

Es regnete und der See vor meinem Haus schlug Wellen.
Es stürmte und der Regen prallte gegen die Wände.
An einem Fenster prasselte das Wasser so stark dagegen,
dass es hinter mir an der Wand herunterlief
und ich Küchentücher auf das Fensterbrett gestopft habe.

Kurze Zeit später schien die Sonne
und draußen zeichnete sich ein herrlicher Regenbogen ab.
Die Farben leuchteten am Himmel,
als würde man ihn mit Scheinwerfern erhellen.

Ich konnte nur die Brücke sehen,
Bifröst,
und dachte, wie es wohl wäre, hinüberzugehen.
Ich würde mich langsam vortasten,
auf allen Vieren hochkrabbeln,
bloß nicht nach unten sehen,
kein Seil, das mich hält,
kein Helm,
kein Netz darunter.

Auf dem Höhepunkt würde ich anhalten,
innehalten, tief atmen
und über die Welt blicken.
Ich könnte die wundervollen Wälder,

die mich hier umgeben, endlich von oben sehen,
könnte über die Wolken blicken,
mich an den Dächern der Häuser,
den winzigen Autos
und den unzähligen Autobahnen erfreuen.
Dann würde ich aber auch die riesigen Schornsteine sehen,
die Atomwaffentestgelände,
die Massengräber,
die Kriegsschauplätze,
die Halbglatzen der Politbonzen,
das Roden von Urwäldern
und die krebsartige Ausbreitung der Städte.

Mir würde schwindelig werden.
Ein Regenbogen hat keine Geländer,
keine Griffe,
ich würde hinabfallen,
aber nicht verrecken,
weil ich in einer riesigen Pfütze
menschlicher Kotze landen würde.
Die Soße und Brocken des Auswurfes
würden meinen Fall bremsen.
Ich würde keine Luft kriegen und versuchen,
schnell aufzutauchen.

Da würde ich nun stehen,
gefallen von ganz oben, gelandet ganz unten,
eingeschmiert mit der Kotze,
die mir vertrauter scheint als der Regenbogen.

Ich würde wohl nach Hause watschen,
mich an meinen Rechner setzen,
mich abfüllen,
Kippen rauchen
und alles rauskotzen,

was ich gesehen habe.

Wenn ich schreibe, dann exaltiert

Ich bin ein Niemand
und führe mein Leben am Rand.

Wenn ich schreibe, dann frappant,
bis meine Seele schwarzgerbrannt.

Machst du mich deswegen an,
bist du längst in meinem Bann.

Lässt du mich in Frieden,
brauch' ich dich nicht besiegen.

Deshalb schreibe ich wie und was ich will,
mal laut und auch mal still.

Verpiss dich mit Rhythmik und Reimschema,
ohne ist es mir bequemer.

Kommst du an und willst mich killen,
geb' ich dir 'nen Text
und wir könn' chillen.

Der Jäger des Mondes

Schatten begleiten ihn selbst in finst'rer Nacht,
wo niemandes Haus noch bewacht,
wann die Gondeln Trauer tragen
und Zwerge heraus wie Riesen ragen.

Im schwarzen Licht gebannt zu festem Verlangen
sind's Unschuld und Tollheit zwischen Mut und Bangen.
Die Witterung auf weiter Flur,

Lust auf Getier und ausgelegt die Schnur.

Zartes Fleisch und warmes Blut
treiben hinaus, reißen die Augen auf wie Feuers Glut.
Bei raffender Jagd nach Erlösung und Heil
schlägt es ein, das eiserne Beil.

Der Jäger des Mondes im Morgenrot
liegt auf Waldes Grund starr und tot.
Die Krallen gebrochen und den Blick gesenkt,
wahrlich niemand der die Schöpfung kennt.

Entscheidungen

Immer wenn Menschen mit sogenannter Erfahrung
loslegen und über Entscheidungen reden,
quatschen sie nur von den sogenannten großen Entscheidungen:
Haus – ja oder nein?
Ehe – ja oder nein?
Diesen Job oder jenen,
dieses Auto jeder jenes,
diesen Lebensentwurf oder jenen,
diese Religion oder jene.

Die Spießer, die sich inzwischen mit Vollbart
und rasierten Schenkeln profilieren,
diskutieren dann über
dieses oder jenes Getränk,
diese oder jene gesunden Lebensmittel,
Alkohol – ja oder nein?
Rauchen – ja oder nein?
Joggen oder besser „walken"?
Dieses Hemd oder jenes.
Ein Kind oder doch zwei?

Die wichtigen Entscheidungen sehen sie nicht,
jene kleinen, gebückten, zusammengerollten,
fast schon unsichtbar gewordenen Entscheidungen
Tag ein und Tag aus,
diese kleinen Viecher,
die uns so vertraut sind, dass wir sie kaum mehr als unsere
eigenen erkennen,
das frühe Aufstehen,
das tägliche Entscheiden, zu irgendeiner Arbeit zu hetzen,
um die Entscheidung zu bestätigen,
Geld für andere zu verdienen,
Zeit zu opfern,
doch es geht noch weiter:
Die Entscheidung, wie man atmet,
wie man läuft,
wie man greift,
wie man sitzt,
wie man liegt,
wie man Gefühle dirigiert.
Diese Entscheidungen sind das Leben
und doch werden sie allzu oft versäumt.

Keine Kompromisse

Wenn ich liebe, dann extrem,
wenn ich schreibe, dann extrem,
wenn ich denke, dann extrem,
wenn ich trinke, dann extrem,
wenn ich sinke, dann extrem,
wenn ich falle, dann so, dass ich jeden Stein spüre,
der meinen Leib berührt, dass jede Faser meines Seins
jenen Sturz spürt, der nur die Folge einer Kompromisslosigkeit ist,
die mich leben lässt ohne Zwang oder Halbarschigkeit.

Meine Knochen zittern noch immer,
wenn ich dran denke, wie Kinder mich früher gejagt haben,
wie ich mich auf dem Schulweg immer wieder verstecken musste
und wie ich mich auf dem Schulklo verkrochen habe,
nur damit diese unliebsamen Gestalten an mir vorbeiziehen
würden.

Ich weiß noch, wie es war, als sie mir meine Federmappe stahlen,
wie sie mir Spitznamen gaben
und wie sie lachten, wenn ich im Unterricht aufgerufen wurde
und nur stammelnde Worte rausbringen konnte.

Ich weiß auch, dass mir niemand sagte, dass ich mich wehren
sollte.
Irgendwann hatte ich nur noch Angst und konnte noch nicht mal
an Gegenwehr denken.
Da war gar nichts mehr
- nur noch ein Rückzugsort in mir selbst,
außerhalb von mir wurde alles geraubt.

Und die Erwachsenen?

Nein, niemand sagte, dass es richtig sei, sich zu wehren.
Ich sollte doch einfach weggehen, wenn ich sehen würde,
dass ein paar Assis auf mich zukommen würden.

Ich ging weg.
Sie kamen hinterher.

Wenn sie mir Sachen wegnahmen, sollte ich im Anklang falscher
Erhabenheit sagen,
dass ich diese Sachen eh nicht brauchen würde.
Das stotterte ich heraus, während ich im Innersten so getroffen

wurde, als hätte man mir ein Messer zwischen zweite und dritte
Rippe gebohrt.

Ich sollte alles zulassen.
Irgendwann würden es die Typen langweilig finden.
Nun ja,
es dauerte um die sieben Jahre, ehe es ihnen langweilig wurde.

Verteidigung wäre eh sinnlos,
damit hätte ich es wohl schlimmer gemacht.
Gewalt erzeuge immer Gegengewalt.
Nun ja,
also tat ich nichts,
und es wurde schlimmer,
denn inzwischen weiß ich,
dass auch das Zulassen von Gewalt nichts anderes als Gewalt ist.

Was hätte ich drum gegeben,
wenn mir jemand gesagt hätte:
„Pass auf. Wenn dich einer dumm macht,
fackle nicht lange und zieh ihm eine drüber.
Scheißegal, ob du triffst.
Er wird das nächste Mal dreimal überlegen,
dich anzupöbeln."

Ich lernte Hilflosigkeit,
ein Gefühl purer Ohnmacht,
das Vergessen-sein,
und das Schlimmste: Ich lernte, die anderen zu hassen.
Weltenhass und Weltenfurcht prallten aufeinander,
aus Ohnmacht wurden Wut und Neurosen.

Niemand sagte: „Wehr dich!"
Niemand griff ein.

Und heute?
Kommt nur her und versucht es doch!

Götter sind auch nur Barbies

Von Gott gehasst

Eifersüchtiger Herrscher, du,
du allein, thronst hoch oben,
schaust hernieder
in mein Verlies.
Hast mich verstoßen, verbannt.
Dein Richtspruch soll Wahrheit sein,
unanfechtbar, voller Zorn und Hass,
oh, du der da oben sein Königreich verschanzt,
lässt nichts anderes gelten als dein Gesetz.
Wie klein musst du sein,
verstößt du einen Narren,
wie viel Angst muss in dir wohnen,
lässt in Ketten legen einen Sterbenden.
Gott hasst – sein Hass ist mein Reich,
tief unten bin ich die Revolte, bin Legion,
bin viele.
Licht bringe ich in mein Verlies,
lass' es lodern, bis der Flamme Macht so groß,
dass sie Gottes Füße brennt.

Als Christ sollte man den Teufel lieben

Was hatte ich die Gespräche mit den Frommen,
den Betchristen und Pharisäern satt.
Es spielte keine Rolle, ob es Katholiken, Protestanten,
Zeugen Jehovas, Mormonen oder Täufer waren.
Sie alle laberten dasselbe und waren so fest der Überzeugung
verfallen,

ihre Meinung sei die einzige und wahre.
Wie albern und anmaßend zugleich.
Doch schlimmer als das dogmatische Geplapper
war das einende Band all dieser Christen,
den Teufel zu meiden und nur dem einen wahren Gott zu
huldigen.

Ist das nicht bizarr?
Da macht dieser Gott den Menschen das Geschenk des Satans
und sie lehnen es ab.
Sie haben Angst, in Versuchung zu geraten,
sehen hinter den Gräueltaten und Schicksalsschlägen sein Werk.
Dabei ist der Teufel ein zahmes Wesen,
ein Engel,
sicher nicht gottgleich, sehr wohl aber ein Wegweiser zu selbigem.

Statt den Teufel in all seinen Formen zu lieben,
fürchten und verfluchen sie ihn.
Selbst Jesus hat ihn nicht ausgeschlossen.
Er ließ sich auf die heiteren Spiele des Teufels ein,
hat ihn angenommen und nur dank dieses Teufels
gibt es überhaupt sowas, was die Christen Heilsplan nennen.

Der Teufel steckt im Detail.
Und dieses übersehen die Christen, wenn sie sich
jeden Sonntag heuchlerisch frömmelnd auf die Knie zwingen,
den Pfaffen oder Ältesten zuhören und in kindischer Weise
sich ein Weltbild basteln, das Krieg, Zerstörung und Hass fördert.

Wer den Teufel fürchtet, wer ihn ablehnt oder hasst,
der sät den Samen des Hasses, des Krieges,
er schafft sich einen Konflikt,
aus dem er nicht entkommen kann,
egal, wie viel er betet, missioniert oder Buße tut.
Solange er diesen Zwiespalt in sich trägt,

diese total lächerliche Spaltung zwischen „gut" und „böse",
sortiert er die anderen Menschen genau wie Ereignisse
in gute und böse.
Da nun jeder von denen zu den Guten gehören will,
müssen zwangsläufig andere das Böse sein.
Wie soll so jemals Frieden eintreten,
wenn jede dieser Christenseele ein Schlachtfeld in sich trägt?

Sie sollten den Teufel lieben lernen,
dann können sie sich selbst lieben,
dann gibt es keinen Konflikt,
keine Sünde, keinen Krieg,
dann gibt es nur das eine,
das Unüberwindbare.
Doch sie tun lieber daran, alberne Regeln zu befolgen,
im irrigen Glauben, so ihrer Seele etwas Gutes zu tun.
Hinter diesen Regeln steckt kein anderer als der Teufel.
Er ist überall.
Er war es auch, der den Heiland der Christen ans Kreuz geschlagen
hat.
Ist er dadurch ein Übeltäter, vielleicht sogar gottfern, oder nur ein
weiteres Werkzeug
eines Gottes, der es liebt, mit sich selber Schach zu spielen?

Den alten Göttern nahe

Steil ragen heraus aus dunklen Wäldern
die schaurig-schönen Felsen des Harzes,
im Herbst umwunden von dichten Nebelbänken,
wachen sie im Sommer im tiefsten Grün
und erzählen, was vor langer Zeit hier gewesen.

Krodo, Ostara,
Biel,
Stuffo oder Lollus

- Namen, die heute niemand zu kennen vermag.
Fremde Welten dringen durch sie in unsere moderne Hektik.
Ob es sie je gab, kann wohl niemand mehr sagen,
doch so fern stehen sie nicht von
Wotan,
Donar oder Saxnot.

Die alte Götterschar wacht über das Menschengeschlecht.
Wer die engen Pfade durch die Wälder geht,
die steilen Pässe auf die Berge steigt
oder über die weiten Wiesen streift,
der erahnt – mal mühsam, mal leicht –
dass diese Orte schon immer
Hain und Altar gewesen.

Wenn hier umgeben von Grauwacke und Fichten
der Donner hallt, als würde Donar zu Felde ziehen,
wenn hier in herrlichster Erhabenheit der Natur
der Blitz den Himmel durchzuckt, als würde
Wotan Gungnir werfen,
wenn hier der Regen sich ergießt
oder die Sonne lustvoll in die Seen scheint,
hört man nah und fern die Raben rufen.

Hugin und Munin sind hier zuhause.
Sogar der Teufel soll in diesen Ländern gewohnt haben.
Hexen sollen ihr Unwesen treiben
- genau wie viele andere Unholde.
Die wilde Jagd, der wilde Jäger – in dieser Gegend nicht
unbekannt.

Wahrlich, diese Gegend ist verflucht
- verflucht zum Guten,
denn nirgends ist man dem Alten so nah wie hier.
Jede Klippe, jede Lichtung,

jedes Plateau, jeder Fluss, jede Quelle,
jeder anmutig hoch hinausragende alte Baum
hat hier seine Geschichte, seine Legende, sein Leben.

Ob hinter den Sagen und Mythen die alten Götter stehen,
darf bezweifelt werden.
Ebenso darf an dem zwanghaften Versuch gezweifelt werden,
hinter jeder Hausnummer einen Hinweis auf altgermanische
Kultstätten zu glauben.
Wie närrisch der Mensch sich die Welt erdenkt!
Doch tief im Herzen,
in höllisch-himmlischer Ruhe,
da öffnen die Götter ihre Pforten,
führen dich auf alten Pfaden
und du weißt: Hier laufe ich nicht das erste Mal entlang.
Dieser Weg ist alt – sehr alt.

Der Erlöser

Leicht bekleidet,
mit Jesuslatschen,
schulterlanges Haar,
ein hingebungsvoller Blick,
Achselschweiß,
Haare in der Poritze,
geschmückt mit einer Dornenkrone,
drei Nägel:
einen an jeder Hand,
einen durch zwei Füße,
eine Lanze im Wanst.

Kreislaufkollaps.
„Vergib ihnen, denn sie wissen nicht, was sie tun.“

Mit der Peitsche den Tempel gereinigt,

den Teufel verarscht,
die Pharisäer belehrt,
die Nutten, Diebe und Vagabunden aufgenommen.

„Ich befehle meinen Geist in deine Hände."

So viele Erlöser auf der Welt.
Ein jeder könnte einer sein,
wenigstens für sich.
Der Vorhang reißt entzwei,
die Römer spotten,
und ein jeder Penner, Verbrecher,
Extremist, Henker, Spötter,
Politiker, Handwerker, Intellektueller,
Behinderter, Polizist,
Geheimdienstoffizier, Folterknecht,
Aktionär, Ingenieur, Reporter,
Massenmörder, Vergewaltiger,
Säufer, Junkie
und Bürgermeister ...
... könnte dieser Mann mit schulterlangem Haar sein,
mit Jesuslatschen,
Achselschweiß,
Haaren in der Poritze,
hingebungsvollem Blick,
Hingabe,
Vertrauen und Mut.

Niemand sonst könnte für sie Erlöser sein.
Niemand sonst könnte für sie sterben,
um wiedergeboren zu werden.
Und trotzdem: Sie suchen woanders;
im Himmel, in heiligen Büchern,
in Priestern, Gelehrten, in Gurus,
Coaches und anderen Verführern –

jene, für die die Peitsche bestimmt ist.

Der Wicht im Schatten - oder: Wie wir richtig glauben sollten

Ich trank Kaffee wie ich es inzwischen jeden Morgen tue –
Milch und Mokkaliquor.
Eine Glühbirne erhellt das morgendliche Dunkel,
während draußen der Schnee schmilzt
und fiese Stellen aus Matsch, Eis und Streusalz hinterlässt.

Die Zigarette ist nur halb aufgeraucht, aber schon ausgedrückt
und liegt in einer Glasschale,
über die eine Schüssel gestülpt ist.
In der Veranda stinkt es nach kaltem Rauch.

Der Kühlschrank ist abgestellt,
denn inzwischen ist es im Haus so kalt,
dass ich keinen Kühlschrank mehr brauche.
Die paar Fresssachen liegen in einem kleinen Zimmer
mit 15 cm dicken Wänden und einer Einfachverglasung.

Aufgewacht bin ich gegen 8 Uhr aus einem schönen Traum,
der endlich das Potential hatte, eine Vision zu sein,
denn er hat sich echt angefühlt,
anders als die meisten Träume,
wo man irgendwie am Rand steht und weiß: Scheiße, ist eh nur ein
Traum.
Dieser Traum war anders,
weil er aus der Tiefe kam
und eine unheimlich große Sehnsucht in sich trug.
Es war ein Traum, der mich mitgerissen hat,
der mir Mut gemacht hat,
ja, der mich mit einem Lächeln hat aufwachen lassen
und mir sogar abverlangt, darüber zu schreiben.

Ich huste den Teer aus meinen Bronchen,
trinke den Kaffee und kann euch sagen, was es heißt,
zu glauben – richtig zu glauben,
der Seele zu folgen,
statt ihr etwas zu befehlen.

Dieser Traum, gesegnet seien die Götter,
die ihn mir geschenkt haben,
war so glasklar wie
eine Anzeige von Google Maps.
Man stellt keine Fragen mehr,
weil man weiß, wo es langgeht.

Wenn mich nun jemand fragen würde,
was es für ein Weg sei, der zum Glück führe
oder der zur Erfüllung eigener Wünsche führe,
so kann ich sagen, dass es das Träumen ist.
Wohl wissend: Das richtige Träumen,
das Träumen aus der Tiefe,
das Verspüren einer inneren Gewissheit,
dass das Schicksal schon entschieden ist,
noch während wir über selbiges sinnieren.

Derlei Wege zum Unglück gibt es viele,
doch zum Glück nur den einen:
Hört auf euer Herz.
Lasst es zu euch sprechen und folgt seinen Rufen.
Verwechselt es nicht mit irgendwelchen kurzweiligen Gefühlen,
sondern taucht ein in eine Dimension,
in der es nur die Wahrheit gibt.
Tief im Herzen weiß ein jeder, was richtig oder falsch ist.
In dieser Tiefe stellen sich gar keine Fragen.
Alles ist so klar wie der Himmel nach einem
bitterlichen Gewitter.

Niemand muss sich „arrangieren",
sich mit irgendwelchen Dingen anfreunden,
mit denen er sich nicht anfreunden will.
Niemand muss irgendetwas tun,
wenn er nicht will.

Und niemand sollte seine tiefsten Sehnsüchte,
Hoffnungen und Wünsche ins Lächerliche ziehen,
herabsetzen oder beschämen.
Nein.
Wer etwas wirklich will,
muss es zum größten aller Götter erheben,
daran glauben, fest, entschlossen und willig,
er muss es feiern, leben und den Dingen ihren Lauf lassen.
Er muss das Feuer brennen lassen,
statt es zu löschen mit einer Decke
aus Selbstberuhigung, Ernüchterung oder Resignation.

Nur durch diese ungemeine Power,
durch diese geballte Ladung Energie
kriegen wir das, was wir wollen,
eben weil wir nur genau das wollen
und es zum höchsten Gesetze erheben.

Was ist zu erwarten, wenn wir glauben,
dass uns etwas nicht zusteht,
dass es nur Hirngespinste seien,
dass es besser sei „realistisch" zu sein,
dass Träume nur zum Träumen seien?

Nein,
wer wirklich will,
der wird eintauchen in jene Tiefe,
in der er von innen heraus weiß,
was das Richtige ist

und er wird daran festhalten
wie Thor an seinem Hammer,
denn er weiß, dass alles geschieht,
wie es sein sollte.
Wahrlich, solch ein Mensch kann lieben,
hoffen, glauben, kämpfen, retten,
sterben – aber niemals das Feuer löschen,
welches die Götter für ihn entzündet haben.

Die armen Verdammten

Als ich Theologie studierte,
hatte ich eine Frau als Professor für Dogmatik und Systematische
Theologie.
Eine Frau!
Und die bildete sich darauf was ein.

Irgendwann malte sie an die alte grüne Tafel einen Kreis,
um diesen herum malte sie krackelig einen zweiten, größeren,
und dann noch einen größeren um diesen.

Dann erklärte sie für jeden verständlich:
Im kleinen Kreis, also in der Mitte, sitzen die,
die mit Sicherheit gerettet werden. Das sind vornehmlich die,
die zur Konfession dieser Professorin zählen.
Im mittleren Kreis sitzen die, die zwar christlich sind,
aber nicht der Konfession der Professorin angehören.
Die werden vielleicht gerettet.
50:50!
Im äußeren Kreis sitzen alle Ungläubigen oder gänzlich
Andersgläubigen.
Die, das kann man mit Sicherheit sagen, werden niemals gerettet
werden,
schließlich glauben sie nicht annähernd das, was die Professorin
glaubt.

Das war für mich der Zeitpunkt, aufzustehen und zu gehen.
Raus aus der Vorlesung, raus aus der Kirche,
raus aus der korrumpierten Religiosität.

Wenn nun, und das ist sehr wahrscheinlich,
jede Religionsgemeinschaft so eine Professorin hat,
kann man sich vorstellen, wie diese Menschen
auf jene blicken, die im äußeren Kreis sitzen.
Da sag nochmal jemand, Religion sei Opium fürs Volk.
Sie scheint vielmehr ein Spaltkeil zu sein,
zumindest, wenn man fundamentalistisch veranlagt ist
oder Panik um das eigene Seelenheil hat,
und deshalb Kreise malt, um sich in falscher Sicherheit zu wiegen.

Erhebe dich

Was liegst du einsam und gekrümmt im Graben?
Die Raben singen schon.
Sie tragen ihre Lieder in kreisenden Bahnen über deinen Leib.
Doch du – du hörst sie nicht; liegst verlassen herum wie
weggeworfene Kleidung,
verworfenes Leben.

Atem, der noch in dir schlummert, will geatmet sein.
Muskeln, die nur noch zucken können, wollen bewegt werden.
Doch du krallst dich in die Erde, gräbst dich tief hinein, dass
niemand sieht,
was da schlägt – das kalte Herz, das Leben trägt.

Bald wird es stürmen, toben und tosen.
Schwarze Wolken künden die Zukunft.
Das Land sich weit erstreckt, doch du nicht weiter siehst als zu den
Grashalmen,
an die du nun gekettet bist.

Das Land ist dir Portal zu fernen Welten,
zu tausend Bergen, Wiesen, Wäldern,
die du nicht erkanntest,
drum liegst du hier in nackter Wahrheit dem Tode nah.

Erhebe dich!
Was du verloren hast, ist kalter Windhauch, nicht der Lebenshauch
ist ewig Wüste und immer Dunkelwald,
drum stehe auf und blick empor.

Du liegst bleich, ja fast schon tief begraben,
willst des Todes sein und bist es nicht,
greifst nach Leben, ohne deins zu leben.
Was liegst du einsam und gekrümmt im Graben?

Dem Rauche gleich dein Leben ist,
vergiss nie dass du diese Welt,
dass du diese tausend Berge, Wiesen und Wälder bist.
Die Raben sind entschwunden,
die schwarzen Wolken Regen lassen.

Erhebe dich!

Kirchensteuer

Einer meiner letzten Steuerbescheide hat mich erinnert,
dass ich noch Mitglied in einer kirchlichen Organisation bin.
Es war einer der seltenen Bescheide, nach denen ich
überhaupt Steuern zu zahlen hatte.
Abgesehen von den beschissenen Vorauszahlungen,
die veranschlagt worden,
irritierte mich die Kirchensteuer.

Ich bin tatsächlich noch Mitglied.

Und ich habe bisher immer nur über einen Austritt nachgedacht.
Nie vollzogen.
Dieser Steuerbescheid sollte Mahnung genug sein,
endlich den Austritt fertigzumachen.
Aber nichts.
Ich scheine zu faul zu sein.

Ich zahle also einen Beitrag für eine Organisation,
die sich als Sprachrohr Gottes versteht,
in der Kinder missbraucht werden
und Homosexualität ein ganz großes Thema ist.
Ich zahle Geld für Wahrheitsansprüche, die nicht meine sind,
für die Gewänder der Pfaffen,
die Gesangsbücher der Herde
und für mich als Mitglied.
Ich sollte echt austreten.
Es wird Zeit.
Mit dieser Religiosität habe ich lange nichts mehr am Hut.
Trotzdem hänge ich fest.
Wenn Leute auf der Kirche herumschimpfen,
spüre ich sogar noch einen Klos im Hals,
Druck im Magen,
so als ob ich mich persönlich beleidigt, angegriffen oder
vorgeworfen fühle.
Ist es so?
Dazu sagt der Steuerbescheid nichts.
Kann man überhaupt eine Religiosität ablegen,
die man über 20 Jahre indoktriniert bekommen hat?
Ich versuchte es mit Philosophen,
mit alten Göttern,
und dennoch weiß ich nicht, um wessen Gunst ich winseln würde,
würde ich heute sterben.
Tief im Innern weiß ich es natürlich,
aber es macht krank, wenn man weiß,
wie dieser Wahn zustande gekommen ist

- nicht durch innere Einsichten oder Offenbarungen,
sondern einfach nur durch Wiederholung.

Es steht fest, ich werde austreten.
Dann spare ich wenigstens Geld,
wenn ich schon diesen Zwiespalt in mir nicht loswerden kann.

Gestern ist's geschehen

Gestern endete eine Ära.
Da ich auf einem Dorf lebe,
ist das Standesamt gut eine halbe Stunde Autofahrt entfernt.
Das nahm ich in Kauf, um auszutreten
aus der römisch-katholischen Kirche.
31 Jahre lang war ich Mitglied jener Einrichtung,
studierte einige Jahre Theologie,
und nun steht das Ergebnis fest:
Ich bin ausgetreten.

Aber nur staatlich.
Das ist der Witz.
Laut Lehrmeinung der Kirche kann man dank der Taufe gar nicht
austreten.
Da kann man schreiben, tun oder denken, was man will.
Einmal getauft, für immer gerettet
- so die Theorie.
Was soll ich nun von dieser Einrichtung halten,
die mich nicht gehen lassen will,
für die es nur ein formeller Akt der Kirchensteuer ist,
dass ich ausgetreten bin?

Dabei will ich gar nicht Mitglied sein.
Es ergibt einfach keinen Sinn,
ebenso wie jede andere organisierte Religiosität,
die mit Gesetzen, Regeln, Normen etwas vom Menschen

abverlangt,
was unweigerlich dazu führen würde, Göttliches in einem selbst
abzutöten.

Und dann das ganze Gerede vom Wahrheitsgehalt.
Jeder beansprucht für sich die Wahrheit.
Wie lächerlich!
Dann versuchen sie es zu vertuschen, indem sie anderen
Religionen
Daseinsberechtigung zu sprechen,
natürlich nur unter der Prämisse,
dass hinter diesen Religionen nur der eine wahre Gott lauert,
den die Armen bloß nicht erkennen und deshalb andere Dinge
anbeten müssen.

Das Christentum mit seinem Missionseifer ist schon bizarr,
bedenkt man, dass Jesus einfach nur lebte
- ganz ohne Mitra, Bischofsstab oder irgendwelchen albernen
Reglementierungen.
Die katholische Kirche ist noch nicht mal besonders.
Alle christlichen Kirchen haben irgendwie diese Macke,
was Besonderes sein zu wollen.
Es sind doch alles nur Sekten,
von der alten Kirche bis in die Gegenwart
- einfach nur Sekten.
Jesus war Jude, bis zu seinem Tod.

Umgeben von Feindes blutgezierten Waffen,
muss der Krieger seinen Aufbruch schaffen,
umzingelt steht er im Todentanz
und erscheint im heilig'n Glanz.

Sie werfen Äxte und stoßen Lanzen,
der Krieger fordert auf zum Tanzen,
Beil und Schild lässt er läuten,
keinen Moment wird er vergeuden.

Zu Pferde und zu Fuß,
im Gesichte Blut und Ruß,
erhebt er sich in ganzer Macht,
springt nach vorn und eilt in die Schlacht.

Seines Sieges sicher,
wird er zum Feindes Richter,
spaltet Schädel und zerfetzt Herzen,
spürt eines jeden Schmerzen.

Der Krieger schreit nach Leben,
wird niemandem vergeben.
Was ihm einst angetan,
treibt ihn in den Wahn.

So springt er in des Feindes Reihe,
nur er und sein wild Geschreie,
erntet Stich und Schnitt,
wird getragen vom seel'gen Walkürenritt.

Das hier ist meine Hölle,
ich mache hier die Regeln.
Du bist ein Nichts,
ein Niemand.
Was du willst,
was du fühlst,
was du bist,
das ist egal,
denn das hier,
das ist meine Hölle.

Meine!
Du bist ein Nichts,
du bist verstoßen,
denn meine Hölle
hat für dich keinen Platz.

So dumm bist du,
nicht mal in der Hölle ist
ein Platz für dich.
Wo willst du noch sein?
Wo kannst du noch sein?
Nirgends!
Du kannst nur sein
außerhalb von Raum
und
außerhalb von Zeit.

Da bist du,
da darfst du sein,
aber nicht hier,
nicht in meiner Hölle,
denn diese Hölle ist nur für mich.